VERDEREL.

—

NOTICE

HISTORIQUE ET ARCHÉOLOGIQUE.

VERDEREL.

NOTICE

HISTORIQUE ET ARCHÉOLOGIQUE

PAR

Robert DE MALINGUEHEN,

Conseiller d'arrondissement du canton de Nivillers,
Membre correspondant de la Société française de Numismatique et d'Archéologie,
Membre de la Société Académique de l'Oise, etc.

Extrait du Bulletin de la Société Académique de l'Oise.

BEAUVAIS

Imprimerie D. PÈRE, rue Saint-Jean.

1879.

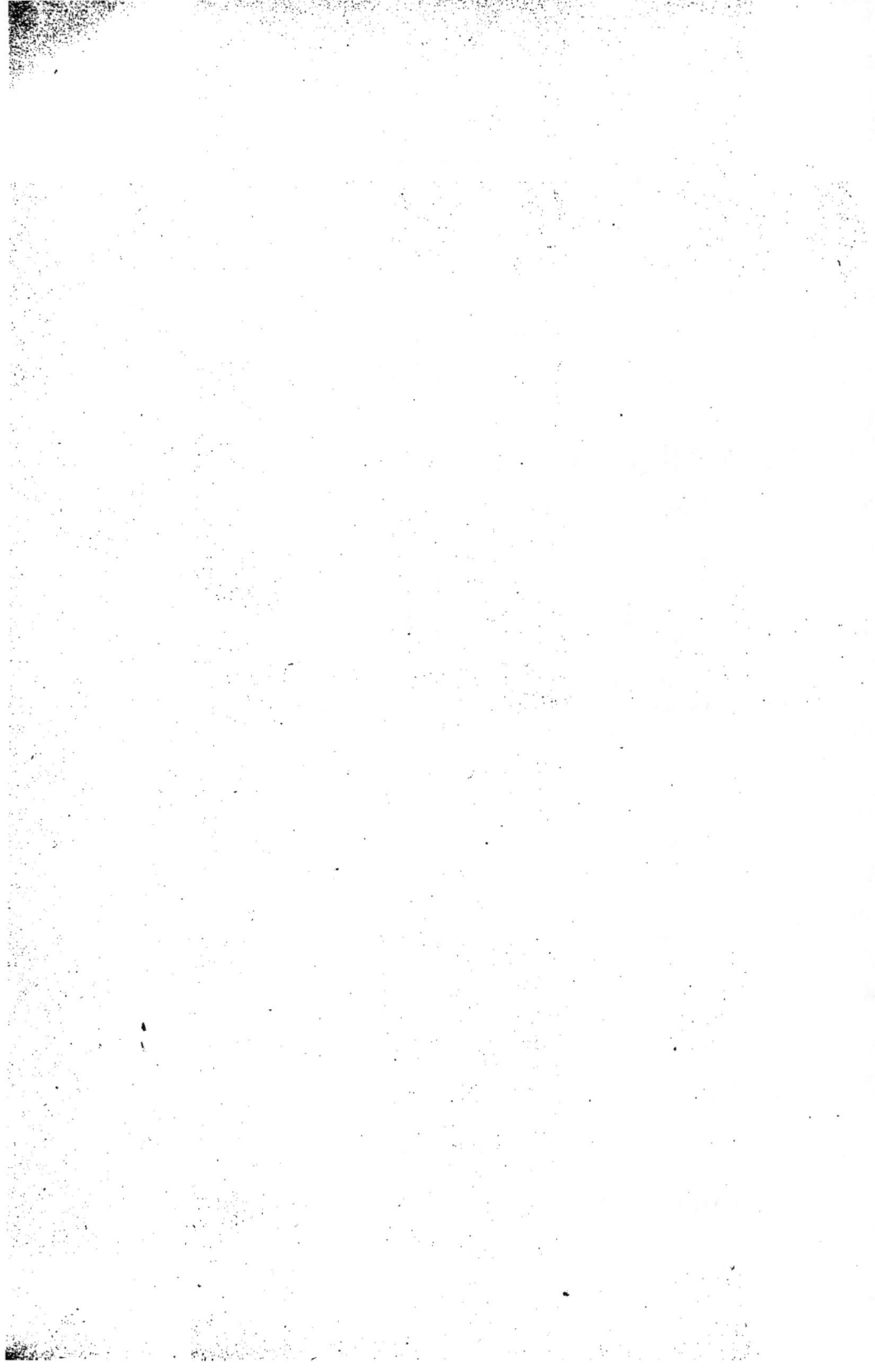

VERDEREL

—

NOTICE

HISTORIQUE ET ARCHÉOLOGIQUE.

———

Verderel est une petite commune du canton de Nivillers, à environ 9 kilomètres de Beauvais, vers le nord.

C'était, au XIIe siècle, le chef-lieu d'une paroisse importante, qui comprenait les villages de Juvignies, Sauqueuse, L'Equipée, Le Petit-Crèvecœur, Fourneuil, Haussez et Guehengnies. M. Graves (1) prétend même que Houssoy en dépendait aussi. Nous ne le croyons pas pourtant. Ce savant auteur nous semble avoir confondu Houssoy avec Haussez, dont il ne parle pas. D'ailleurs, aucun des titres concernant Verderel ne parle de Houssoy.

Depuis cette époque, la paroisse de Verderel a beaucoup diminué, Juvignies et Sauqueuse en furent distraits; Le Petit-Crèvecœur, L'Equipée et Haussez ont complètement disparu. Verderel n'a donc plus actuellement que deux hameaux : Fourneuil au sud-est, et Guehengnies à l'ouest.

Son territoire a pour limite Sauqueuse et Juvignies au nord, Maisoncelle et Guignecourt à l'est, Tillé au sud et Troissereux à

———

(1) *Statistique du canton de Nivillers*.

l'ouest. Sa partie occidentale, celle qui forme la section de Guehengnies, est enclavée entre les territoires de Juvignies et de
Troissereux. Le chef-lieu, assis au milieu de la plaine, est séparé
de Guehengnies par la vallée de Juvignies. Dans l'un des côtés de
cette vallée, on extrait de la marne crayeuse pour l'usage de
l'agriculture. On y a aussi ouvert, en 1810, une carrière de
pierres.

La couche supérieure de la craie est assez remarquable ; elle
est formée de fragments bouleversés, arrondis, unis par un ci-
ment jaunâtre peu tenace et entremêlés de silex à angles et cas-
sures aiguës.

Les environs de Fourneuil offrent des amas de sable quartzeux
et glauconieux, contenant des masses de grès dur. Ces amas sont
recouverts du limon argileux superficiel de la craie. Au-dessous
se trouve le grès tabulaire, puis de gros blocs arrondis, les uns
très-purs, les autres pétris de moules de coquilles marines,
d'autres contenant des cailloux roulés. Les blocs ont le grain
grossier, la cassure un peu lamelleuse, leur couleur est généralement grise ou blanche et ils sont traversés par des veines de
fer oxydé hydraté (1).

Verderel est une des communes les plus élevées du canton de
Nivillers ; elle se trouve à 146 mètres au dessus du niveau de la
mer.

Quant à l'origine de son nom, il est difficile de l'indiquer. Ce
nom s'est répandu jusqu'à nous sans presque changer de forme
depuis les temps les plus reculés. On le trouve écrit *Verderellum*
Verdrel, Verderel et *Verderelle.* Peut-être est-ce un mot celte
dont la signification nous est inconnue.

Deux voies romaines passaient sur le territoire de cette commune : celle de Beauvais à Amiens, par Croissy, traversait Verderel, et celle de Beauvais à Abbeville passait dans le ravin de
Guehengnies, au lieudit les Blamonts ; elle atteint, sur ce point,
jusqu'à 13 mètres de largeur et présente un remblai considérable
formé de gros cailloux. Cette voie remonte dans le hameau de
Guehengnies pour se diriger vers Sauqueuse.

Les Romains eurent des établissements à Verderel ; en 1835,

---

(1) Graves : *Statistique du canton de Nivillers.*

en faisant des réparations à l'église, on a trouvé, derrière le chœur, des tuiles romaines en grande quantité.

Il existait autrefois plusieurs souterrains sous Verderel : trois ont été découvers, en 1830, par suite d'éboulements; deux sont maintenant presque comblés. Un habitant a utilisé une partie du troisième en y faisant une cave. Rien de certain sur l'origine de ces souterrains. Il est assez vraisemblable que, comme Verderel ne possédait pas de château-fort, les habitants les creusèrent pour cacher leurs grains et les préserver du pillage lors des fréquentes incursions des Anglais et des Bourguignons, vers 1433.

Pendant un siècle et demi, la population de Verderel a peu varié, mais depuis 1820 elle n'a pas cessé de diminuer. Voici, du reste, les recensements que nous avons pu trouver.

En 1720, Verderel a............ 428 habitants.

1759,	—	464 —
1791,	—	442 —
1796,	—	393 —
1806,	—	419 —
1821,	—	441 —
1826,	—	421 —
1840,	—	410 —
1850,	—	400 —
1860,	—	392 —
1867,	—	327 —
1878,	—	263 —

SEIGNEURIE DE VERDEREL.

La seigneurie principale de Verderel, située en l'élection et au bailliage de Beauvais, suivait la coutume d'Amiens et consistait en un hôtel seigneurial, en terres, censives, champarts, droits et devoirs seigneuriaux sur les héritages, et en droit de justice haute, moyenne et basse.

Elle relevait de la seigneurie de Juvignies. Elle appartenait autrefois aux vidames de Gerberoy, mais après la mort des derniers vidames, Pierre et Guillaume, vers la fin du XIIᵉ siècle, Philippe de Dreux, évêque de Beauvais, ayant fait le retrait seigneurial du vidamé, une partie de la seigneurie de Verderel vint aux évêques de Beauvais, et ils continuèrent d'en jouir jusqu'à l'abolition des droits féodaux, le 4 août 1789. L'autre partie était passée dans la maison de Crèvecœur par le mariage de CLÉMENCE DE GERBEROY (1) avec ENGUERRAND DE CRÈVECŒUR (2).

Elle resta dans la maison de Crèvecœur (3) jusqu'en 1517, époque à laquelle LOUISE DE CRÈVECŒUR, dernière du nom, l'apporta à GUILLAUME GOUFFIER (4), amiral de Bonnivet, son mari.

Nicolas-Alexandre Gouffier, marquis de Crèvecœur, vendit, vers 1660, toutes les terres qu'il possédait en Picardie, et LÉONOR TRISTAN (5), seigneur de Houssoy, acheta la seigneurie de Verderel. Elle resta dans cette maison jusqu'au 7 septembre 1762, où Nicolas Tristan la vendit à PIERRE-DANIEL BOURRÉE DE CORBERON (6). Cette seigneurie consistait alors en un hôtel seigneurial, grange, pressoir, écuries, etc., 114 mines de terres 28 hectares et demi), un moulin à vent et 22 arpents et demi de bois (11 hectares un quart.)

Pierre-Daniel Bourrée, baron de Corberon, mourut sur l'échafaud le 20 avril 1794. Il avait épousé JACQUELINE THIROUX DE GERSEUIL (7), dont il eut :

PIERRE-PHILIBERT-CATHERINE BOURRÉE, marquis de Corberon, qui périt également sur l'échafaud le 18 mai 1794; il avait épousé ANNE-MARIE DE NOGUÉ (8), dont il eut :

---

(1) Gerberoy porte : *De gueules à trois gerbes de blé d'argent.*

(2) Crèvecœur porte : *De gueules à trois chevrons d'or.*

(3) Les seigneurs de Verderel étant les mêmes que ceux de Juvignies, nous ne donnerons pas ici leurs généalogies et nous prierons nos lecteurs de se reporter à la notice sur Juvignies ; nous ne ferons ici que mentionner les changements de famille.

(4) Gouffier porte : *D'or à trois jumelles de sable en fasce.*

(5) Tristan porte : *De gueules à la bande d'or.*

(6) Bourrée de Corberon porte : *D'azur à trois gerbes d'or.*

(7) Thiroux de Gerseuil porte : *D'argent à la fasce d'azur, chargée de trois bandes d'or, accompagnée en chef d'une croisette ancrée de gueules et en pointe de trois têtes de lions de même, 2 et 1.*

(8) De Nogué porte : *D'or au noyer de sinople, fruité de même, accosté de deux ours rampants, contrerampants et affrontés de sable.*

1° ARMAND-JOSÉPH-PIERRE, qui suit.

2° JEANNE-PHILIPPINE-ROSALIE, dont il sera parlé plus loin.

3° DANIEL-JEAN-CHARLES BOURRÉE, marquis de Corberon, qui
a continué la lignée, et est mort en 1868.

Après la mort de Pierre-Catherine Bourrée de Corberon, les
terres qu'il possédait à Verderel passèrent à ARMAND-PIERRE,
qui périt également sur l'échafaud le 7 juillet 1794. Sa sœur
PHILIPPINE-ROSALIE eut dans sa part les terres de Verderel ;
elle avait épousé EDME LUCOTTE, qui fut général de brigade,
commandeur de la Légion-d'Honneur. Ils vendirent leurs terres
de Verderel le 27 février 1803, et JEAN HAMEL, bourgeois de
Beauvais, en acheta la plus grande partie. Cette partie fut vendue
en détail le 28 juin 1841.

FIEF DE LA MAIRIE.

La seigneurie de Verderel avait sa mairie. Il nous a été impossible d'établir la suite de ses possesseurs. Nous avons trouvé
les noms de quelques-uns d'entre eux dans les chartes du
moyen-âge, où ils figurent comme donateurs ou simplement
comme témoins des donations faites aux différentes abbayes.
Les maires de Verderel possédèrent dans l'origine une partie du
territoire de ce lieu et le fief Polhay, sis à Juvignies.

Voici les noms de quelques-uns de ces maires, trouvés inscrits
dans les anciennes chartes :

En 1293, Renaud de Verderel.

    1390, Laurent de Verderel, seigneur du fief Polhay, à Juvi-
        gnies.

    1390, Genneviève, veuve de Jean de Verderel, seigneur en
        partie du fief Polhay.

    1391, Guillaume de Milly, seigneur d'Auxmarest, maire
        de Verderel à cause de Genneviève de Verderel, sa
        femme.

    1399, Pierre-Sainte de Verderel, seigneur du fief Polhay.

FIEF GICOURT OU GUY LE MAIRE.

Ce fief, enclavé dans la seigneurie de Verderel, relevait de la
seigneurie de Juvignies et consistait en terres, bois, censives,

champarts, droits et devoirs seigneuriaux, haute, moyenne et basse justice.

Il prit le nom de ses premiers possesseurs dont il nous a été impossible d'établir la filiation.

Il appartenait, en 1190, à *Vernon de Giscourt*.

En 1222, il était à *Bernard de Giscourt*, qualifié *miles*; il avait pour femme *Ælide* et pour fils aîné Anseau de Giscourt.

En 1394, il appartenait à *Jacot de Roye* (1).

Vers 1470, il était à la famille Le Maire, qui l'a possédé quelque temps; le premier de cette famille, qui l'ait eu, est *Guy Le Maire* (2), dont ce fief prit le nom; il était fils de Robert Le Maire, seigneur de Parisifontaine, et de Madeleine d'Isque; il fut échevin de Paris en 1473 et mourut en 1494; il avait épousé *Claudine de Pontailler* (3), dont il eut :

1° *Pierre*, qui suit.

2° *Louise*, qui épousa Philippe du Chastel (4), seigneur de Bengueval.

Pierre Le Maire, seigneur de Gicourt, Parisifontaine, Longueil, Berneuil, mourut en 1545; il avait épousé, en 1525, *Anne a'Aunoy* (5), fille de Philippe, seigneur de Chivré, et de Catherine de Montmorency, dame de Goussainville, Tresme, Silly, etc. Ils eurent :

Antoine Le Maire, seigneur de Gicourt, Parisifontaine, etc., qui épousa *Anne-Marie Des Fossez* (6), dont il eut :

1° *Pierre*, qui suit.

2° *Henry*, seigneur du Lys, qui épousa Louise Le Maire, sa cousine.

---

(1) Roye porte : *De gueules à la bande d'argent.*

(2) Le Maire porte : *D'azur à trois croissants d'or.* Aussi : *D'argent à trois losanges de gueules.*

(3) Pontailler porte : *De gueules au lion d'or.*

(4) Du Chastel porte : *De gueules au château d'or sommé de trois tours et supporté de deux lions de même.*

(5) Aunoy porte : *D'or au chef de gueules.*

(6) Des Fossez porte : *De gueules à deux lions adossés et passés en sautoir d'or, la queue passée en double sautoir.*

Pierre Le Maire, seigneur de Gicourt, Parisifontaine, Quièvremont, Longueil, épousa, en 1608, *Nicole de Mauroy* (1). Ce fut le dernier de cette famille qui posséda ce fief, car dès 1580 nous voyons qu'il était dans la maison de Rouvroy.

Louis de Rouvroy (2), seigneur de Wavignies, Boisgayant, est seigneur de Gicourt en 1580; il était fils d'Antoine, seigneur de Wavignies, Le Pui, Méry, etc., et de Claude de Hallescourt.
Il épousa *Blanche de Richard de Troussures* (3), dont il eut :

Hercule de Rouvroy, vicomte des Grand et Petit-Rouï, seigneur de Gicourt, Boisgayant, lieutenant de la cavalerie de Beauvais, qui épousa, en 1588, *Nicole Des Fossez*, fille de François Des Fossez et de Françoise De Carpentier, sa première femme
Leurs enfants furent :

1° *René*, vicomte de Rouï, qui épousa Marie de La Porte (4).
2° *Charles*, qui suit.
3° *Françoise*, née en 1596; elle mourut en 1646, ayant épousé Charles de Torcy (5), seigneur de Rouvroy, Reuil, fils de Louis, seigneur de Vendeuil, et de Suzanne de Boulainvilliers.
4° *Marie* épousa Nicolas de Trouillard, seigneur du Plessis.

Charles de Rouvroy, seigneur de Gicourt, mourut sans enfant.
La terre de Gicourt passa alors dans la maison de Gouffier, probablement par *Anne de Rouvroy de Saint-Simon*, cousine de Charles, qui avait épousé *Charles-François Gouffier*, fils de

---

(1) Mauroy porte : *D'azur au chevron d'or accompagné de trois couronnes ducales de même.*

(2) Rouvroy porte : *De sable à la croix d'argent chargée de cinq coquilles de gueules.*

(3) Richard de Troussures porte : *D'azur au chef cousu de gueules, chargé de trois besans d'or.*

(4) La Porte porte : *De gueules à la tour d'or ouverte, ajourée et maçonnée de sable.*

(5) Torcy porte : *De sable à la bande d'or.*

Henri-Vincent, seigneur de Crèvecœur, Verderel, Juvignies, etc.,
et d'Anne de Monchy. Il mourut sans enfant, et son frère,
Nicolas Alexandre Gouffier, hérita de ses biens. A partir de cette
époque, le fief Gicourt fut enclavé dans la seigneurie de Verderel
et eut les mêmes possesseurs.

Lorsque Nicolas Tristan le vendit à Pierre-Daniel Bourrée de
Corberon, le 7 septembre 1762, il consistait en terres enclavées
dans les 114 mines énoncées dans la seigneurie de Verderel,
20 arpents de bois (10 hectares), dit le bois de Verderel, entouré
de haies vives, des censives, champarts, le tout compris au bail
de la ferme de Verderel, fait, à cette époque, à Lucien Dubos,
et en autres droits et devoirs seigneuriaux, haute, moyenne et
basse justice.

Les terres le formant furent vendues, le 27 février 1803, par
Jeanne-Philippine Bourrée de Corberon, femme d'Edme Lucotte,
général de brigade. L'acquéreur, M. Hamel, les revendit en détail
le 28 juin 1841.

SEIGNEURIE DE L'ABBAYE DE SAINT-PAUL.

L'abbaye de Saint-Paul possédait un fief à Verderel. La confirmation des biens de cette abbaye, faite en 1147, en fait foi :

*Ego Odo secundus, Dei patientia Belvacensis Episcopus. Notum fieri
volumus tam præsentibus quam futuris sanctimoniales cenobii Beatæ
Mariæ de Sancto Paulo hæc, quæ subscripta sunt, ex dono fidelium in
Belvacensi territorio habere et diu libere et quiete tenuisse..... Ex dono
Pagani de Harceiis Verderellum.......... ex dono Roberti et Odonis de
Trussuris hoc quod illi habebant in terra Furnelis...... Ut autem hæc
in posterum libere et quiete perpetuo possideant, cartam hanc inde fac-
tam approbavimus et sigilli nostri impressione communivimus* (1).

Cette seigneurie provenait d'une donation faite par Payen
d'Herchies au commencement du XIIe siècle.

Vers la même époque, Robert et Eudes de Troussures avaient
aussi donné à cette abbaye les terres qu'ils possédaient à Fourneuil, mais il n'est fait mention de ces terres dans aucun titre
postérieur à 1147.

---

(1) Abbé Deladreue : *Hist. de l'abbaye de Saint-Paul.*

En 1111, Pierre Ier, vidame de Gerberoy, du consentement de Pierre, son fils, et de Mélissende, sa fille, donna à cette abbaye le droit de voirie et de justice qui lui appartenait sur la terre et seigneurie de ce monastère, à Verderel (1).

En 1231, Ælide du Plouy, femme de Raoul de Tillé, et Jean du Plouy, son fils, et Gila, sa femme, vendirent, du consentement de Raoul de Tillé, une redevance annuelle de deux muids de froment à prendre, à la Saint-Remi, dans la grange de Guillaume de Haucourt, sise à Verderel, moyennant 24 livres parisis. Guillaume de Haucourt et son frère Guy en donnèrent eux-mêmes l'investiture à l'abbaye de Saint-Paul cette même année, et la firent aussitôt ratifier par Jean de Crèvecœur, seigneur de Verderel (2).

Par suite de cette donation, l'abbaye de Saint-Paul devait, à Guillaume et à Guy de Haucourt, un cens annuel de 12 deniers parisis. Mais, en juin 1233, Guillaume de Haucourt, du consentement de son frère Guy, abandonna ce cens à ladite abbaye pour le repos de l'âme d'Isabelle, sa femme (3).

En 1276, Laurent Triboulet et sa femme Eremburge vendirent à Isabelle de Atteynville (4), religieuse de Saint-Paul, et, après sa mort, aux abbesses et couvent, moyennant 9 livres parisis, une redevance annuelle de six mines de blé à fournir le jour de la Saint-Remi et à prendre sur trois mines de terre sises à Verderel.

Le 8 mars 1604, Jehan Fournier, du consentement de Noelle Dangoisse, sa femme, vendit aux Dames de Saint-Paul, moyennant 59 écus 17 sols et 4 deniers, une maison avec cour, granges, étable, jardin et terre labourable, fermée d'un côté par un mur en terre et de l'autre par une haie vive, sise à Verderel, tenue et mouvante desdites Dames, à la charge d'un chapon et d'un pain de cens annuel le jour de Noël (5).

(1) Pillet : *Hist. de Gerberoy.*

(2) Arch. de l'Oise : *Fonds de l'abbaye de Saint-Paul* — Abbé Deladreue : *Hist. de l'abbaye de Saint-Paul.*

(3) *Ib.*

(4) A cette époque, les religieuses pouvaient avoir des revenus pour subvenir à leurs besoins particuliers.

(5) Arch. de l'Oise : *Fonds de l'abbaye de Saint-Paul.*

Le 1er mars 1604, les Dames de Saint-Paul retinrent, par puissance seigneuriale, une maison et masure appartenant à Pierre Delavenne, qu'elles réunirent à leur seigneurie de Verderel moyennant 10 livres 12 sols tournois (1).

En 1660, les religieuses achetèrent de Marie Dangoisse, veuve de Jérôme Louvet, une masure sise à Verderel; en 1693, 4 mines de terre, au même territoire, de Philippe Louvet et de Marie Godin, sa femme (2).

La ferme des Dames de Saint-Paul, à Verderel, était affermée, en 1744, moyennant 6 livres d'argent, 8 muids 4 mines de blé, 4 muids d'avoine et 6 livres de cire blanche. En 1790, elle était affermée 10 muids de blé, 3 muids d'avoine, le tout mesure de Beauvais, et 300 livres d'argent.

Cette seigneurie consistait, à cette époque en (3) :

1° Une maison seigneuriale formant un corps de ferme composé de plusieurs bâtiments, avec cour, jardin et héritage.

2° 12 mines (4) de terre à l'Ormeaux de la Croix.

3° 8 mines de terre au Champ des Batailles.

4° 6 mines de terre plantées d'arbres fruitiers, devant la Ville.

5° 26 mines de terre devant la Ville.

6° 8 mines de terre au Francval.

7° 3 mines et demie de terre aux Quatre-Bornes.

8° 9 mines de terre à la Marlière.

9° 5 mines de terre au même lieu.

10° 8 mines de terre au même lieu.

11° 27 mines de terre à la Couture de L'Espine.

12° 4 mines de terre au Fief-Floret.

13° La moitié des champarts de Verderel partissant à l'encontre de M. de Corberon, auquel appartient l'autre moitié.

14° Des censives et les droits de lods et de vente.

Les champarts de Verderel, qui étaient de onze gerbes l'une, existaient sur 204 mines 33 verges un quart de terre et étaient estimés 170 livres.

---

(1) Arch. de l'Oise : *Fonds de l'abb. de Saint-Paul.*

(2) *Ib.*

(3) Arch. de l'Oise : *Procès-verbaux des ventes des biens nationaux.*

(4) La mine contient environ 25 ares.

Les censives étaient : en argent, 7 livres 4 sols 6 deniers ; en nature :

1° Une mine trois quartiers de blé, qui, estimés à raison de 4 livres 4 deniers 9 dixièmes par mine, font la somme de 7 livres 9 deniers.

2° Trente-cinq mines un quartier d'avoine, mesure de Beauvais, qui, estimés à raison de 51 sols 5 deniers et demi par mine, font la somme de 90 livres 13 sols 11 deniers.

3° Quarante-neuf chapons un sixième, qui, estimés à raison de 1 livre par chapon, font 49 livres 3 sols 4 deniers.

4° Cinquante pains, qui, estimés à raison de 4 sols par pain, font 10 livres.

Les terres de l'abbaye de Saint-Paul furent mises en vente par la nation le 27 février 1791, et vendues, le 13 mars suivant, pour la somme de 43,500 livres, à André Dervillé, huissier, qui déclara les avoir achetées pour Pierre-Isaac Sommereux, fabricant, Pierre Delarue, prêtre, tous deux demeurant à Beauvais, et pour Jean-Baptiste Ricard et Jean-Marie Dubos, tous deux laboureurs, demeurant à Verderel.

FIEF D'HAUSSEZ.

Ce fief, ainsi que son nom l'indique, appartint d'abord à la famille *d'Haussez*.

En 1230, il était tenu par *Guillaume de Haucourt*, qui perdit sa femme *Isabelle* en 1233, et par *Guy de Haucourt*, son frère. Ce fief était alors chargé, envers l'abbaye de Saint-Paul, d'une redevance de deux muids de froment provenant de la donation faite, en 1231, par Aélide du Plouy, femme de Raoul de Tillé, et par Jean du Plouy, son fils.

En 1340, il appartenait à *Thibault de Courcelles* (1) et à *Eustache*, son frère. Il était alors tenu à hommage de Mgr l'évêque de Beauvais, comme vidame de Gerberoy, pour une moitié ; et pour l'autre moitié de M. de Crèvecœur, comme seigneur de Verderel.

En 1348, Thibault et Eustache de Courcelles donnèrent la

---

(1) Courcelles porte : *D'argent à trois jumelles de sinople, chargées d'une cotice de gueules.*

moitié de ce fief d'Haussez, ou la partie tenue de l'évêque de Beauvais, pour fonder une chapelle au village d'Haussez.

Voici la déclaration des biens qu'ils donnèrent pour cette fondation (1) :

1º 12 cortieux valant 12 mines de blé, 2 mines d'avoine, 5 sols parisis et un chapon.

2º 12 mines de prés valant 6 mines de grains, blé ou avoine.

3º 30 mines de terre valant 30 mines de grains, blé ou avoine.

4º 28 muids où ils prennent un champart de douze bottes l'une. Les possesseurs doivent sur ces 28 muids 2 deniers de minage par mine.

5º 4 mines où ils prennent le champart.

Le tout situé au vidamé de Gerberoy.

6º A Juvignies, une mine d'avoine et un pain de prix.

7º Regnault Poessier, écuyer, tient deux fiefs à deux hommages, de la valeur de 2 livres.

8º Regnaul de Noirémont, écuyer, un homme pour le fief de Jean de La Faille.

9º La moitié des amendes, ventes, reliefs, censives, champarts qu'ils possédaient. Sur les champarts, l'abbaye de Beaupré prenait 6 mines de blé et l'abbaye de Saint-Paul 3 mines.

Outre ces biens, Thibault et Eustache de Courcelles donnèrent un oratoire, calice, livres et autres choses nécessaires pour l'entretien de la chapelle.

La redevance de deux muids de blé, dont ce fief était chargé envers l'abbaye de Saint-Paul, se trouva divisée; 15 mines furent dues par le chapelain d'Haussez et les 15 autres mines par le possesseur de l'autre partie du fief.

La chapelle d'Haussez fut dédiée sous le vocable de saint Ouen et les chapelains y étaient nommés par l'évêque.

L'autre partie du fief d'Haussez appartint, après les de Courcelles, à *Jehan de la Bart* (2), puis à *Genneviève de Verderel*, femme de *Guillaume de Milly*. Celui-ci ayant refusé de payer à l'abbaye de Saint-Paul plusieurs années d'arrérages des 15 mines de blé dont son fief était chargé, fut condamné à les payer par une sentence de 1393 (3).

---

(1) Arch. de l'Oise.

(2) La Bart porte : *Tiercé ou retiercé en fasce d'or, d'azur et d'argent.*

(3) Arch. de l'Oise *Fonds de l'abbaye de Saint-Paul.*

En 1629, Augustin Potier, évêque de Beauvais, vu les dégâts occasionnés par les guerres et par les injures du temps à la chapelle d'Haussez, et vu sa vacance par suite de la mort de Guy de Passart, chapelain, réunit cette chapelle à l'église paroissiale de Saint-Martin de Verderel, avec tous ses droits et émoluments, à la condition de dire, les années suivantes, pour lui et pour les fondateurs de cette chapelle, une messe de la Sainte-Vierge chaque mois et de célébrer la fête de saint Ouen (1). Cette sentence ne fut pas exécutée.

La chapelle ayant été vacante pendant quelque temps, et les 15 mines de blé dues aux Dames de Saint-Paul n'ayant pas été payées, le chapelain, Pierre Denneval, abandonna ce fief en 1656 à cause des arrérages qu'il ne pouvait payer, et, le 19 septembre, Nicolas Choart, évêque de Beauvais, comme vidame de Gerberoy, en fit la saisie. Les Dames de Saint-Paul mirent opposition à la saisie à cause des 15 mines de blé qui leur étaient dues et des arrérages de cette rente qu'elles n'avaient pas touchés, et le 17 avril 1659 intervint un accord, entre l'évêque et elles, par lequel Pierre Denneval fut remis en possession de ce fief, attendu, disait-on, qu'il ne pouvait déguerpir sans le consentement de l'évêque, vidame de Gerberoy, et qu'il fallait faciliter le paiement des redevances dues aux Dames de Saint-Paul. Ces dernières furent autorisées à poursuivre les droits du fief et à percevoir ses fruits et revenus jusqu'à la concurrence des arrérages tant échus qu'à échoir, sans toutefois que, faute de paiement, elles puissent s'adresser au chapelain, ni le rendre garant de leurs poursuites ; et de même sans que ledit chapelain ne puisse leur ôter la perception des revenus, si ce n'est quand il apparaîtra clairement que lesdits revenus excéderont la redevance et que les arrérages et frais faits pour cela auront été payés auxdites Dames (2).

Les comptes, faits peu avant cet arrangement, montrent que les arrérages, de 1633 à 1659, montaient à 854 livres 10 sols tournois, et les frais déjà faits à 200 livres. Il était donc dû à l'abbaye de Saint-Paul la somme de 1,054 livres 10 sols tournois. Quelques

_____

(1) Arch. de l'Oise.

(2) Arch. de l'Oise : *Fonds de l'abbaye de Saint-Paul.*

tenanciers ayant apporté un peu d'argent, le compte fut arrêté à 1,017 livres 7 sols que les religieuses eurent le droit de percevoir sur la chapellenie d'Haussez et en outre les 15 mines de blé de redevance annuelle.

En 1702, Charles du Bray, chapelain d'Haussez, ayant refusé de payer aux Dames de Saint-Paul les arrérages échus du temps de ses prédécesseurs, il s'ensuivit encore un procès, à la suite duquel les Dames de Saint-Paul furent maintenues dans leur droit, et Charles du Bray se vit condamner à payer les arrérages et les 15 mines de blé de redevance annuelle.

Cette chapellenie subsista jusqu'en 1789, mais depuis longtemps déjà la chapelle de Saint-Ouen et même le village d'Haussez avaient disparu, et aucun vestige ni aucun lieudit n'en rappelle l'existence.

Voici le nom de quelques-uns des chapelains d'Haussez :

1348. Adam de Saint-Michel, nommé lors de la fondation de la chapellenie.
1423. Jehan le Manier.
1477. Pierre d'Abancourt.
1607. Guy de Passart.
1638. Julien Regnault.
1648. Pierre Denneval, curé de Saint-Paul.
1702. Claude du Bray, curé de Saint-Thomas de Beauvais.
1779. Charles Maurier, curé de Goincourt.

SEIGNEURIE DE L'ABBAYE DE SAINT-QUENTIN.

L'abbaye de Saint-Quentin possédait, à Verderel, un fief lui provenant de donations faites, en 1130, par Christine, le jour de la mort de Hugues de Farsy, son mari; par Asceline de Fourneuil, sœur de Hugues de Farsy et femme d'Urbain; par Hugues de Houssoy, chantre de l'église de Beauvais, et par son frère, Pierre de Fourneuil, chanoine de l'église de Gerberoy.

Lorsque ce dernier fit cette donation, il en déposa les titres sur l'autel de l'église de Saint-Quentin, en présence de Raoul, alors abbé, et de toute la communauté, et confirma en même temps les donations précédentes (1). Cette terre était alors tenue

(1) Pillet : *Hist. de Gerberoy.*

en arrière-fief des vidames de Gerberoy, qui la tenaient en fief de l'église de Beauvais. Mais sur les représentations de Pierre de Dammartin, alors évêque de Beauvais, Pierre, vidame de Gerberoy, et Pierre du Marais, qui la tenait en fief, s'en dessaisirent en faveur de l'abbaye de Saint-Quentin cette même année 1130 (1).

Ces donations furent alors confirmées par l'évêque de Beauvais, Pierre de Dammartin, ainsi que nous le voyons par la charte suivante :

Ad pastorale pertinet officium, ut quod fidelis quisque de proprio jure donat ecclesie Dei litteris annotatum episcopali auctoritate confirmetur, ne temporum prolixitate et hominum decedentium et succedentium mutabilitate, quod bene factum est, pravorum malignitate pervertatur, et quod justo bene utenti prodesse poterat injustus ad suam pernitiem rapiat. Qua propter ego Petrus Dei gratia Belvacensis episcopus concedo Ecclesie Beati Quintini terram Fursnodi, cujus terre quartam partem donavit eidem Ecclesie Christiana uxor Hugonis Farsiti, in die sepulture ejusdem Hugonis apud Sanctum Quintinum, concedentibus filiis suis; et quartam partem Ascelina soror Hugonis cum marito suo Urbano; quartam partem Petrus frater ejus, canonicus Ecclesie de Gerborredo. Isti habebant terram Fursnodi in suo dominio. Sed quia de casamento Belvacensis Ecclesie erat, quod casamentum tenebant Petrus filius Ade et Petrus de Marisco, ipsi concesserunt ut Ecclesia Sancti Quintini per elemosinam teneat terram illam, ita ut neque ipsi, neque heredes eorum servitium exigant ulterius pro terra illa, meque rogaverunt ut hoc concederem. Concedo itaque ut Ecclesia Sancti Quintini jure perpetuo habeat terram Fursnodi, que erat in dominio eorum qui eam donaverunt, et virorum prudentium testificatione scriptoque ac sigilli nostri impressione confirmo. Actum anno incarnationis dominice millesimo centesimo tricesimo.

Signum : Rogeri, decani. S. Henrici, archidiaconi. S. Thebaldi, archidiaconi. S. Hugonis, precentoris. S. Waleranni, diaconi. S. Hugonis qui dicitur monachus. S. Johannis filii castellani. S. Symonis de Miliaco. S. Radulfi abbatis Sancti Quintini. Laici : S. Petri filii Ade. S. Petri de Marisco et Pagani fratris ejus, qui concessit terram Fursnodi sicut Petrus. S. Radulfi et Hugonis venatorum et filiorum eorum Walonis et Walteri (2).

---

(1) Pillet : *Hist. de Gerberoy.* — Abbé Delettre : *Hist. du diocèse de Beauvais.*

(2) Arch. de l'Oise : *Fonds de l'abbaye de Saint-Quentin.*

Cette même année, les vidames de Gerberoy, Gérard et Hélye, se trouvant à Beauvais, donnèrent à cette abbaye les trois quarts de la voirie de Fourneuil (1).

En 1131, Hugues de Fourneuil, fils de Pierre, et Guy, son gendre, lui donnèrent aussi, en présence de Raoul, son abbé, d'Hélye, vidame de Gerberoy, et de plusieurs autres seigneurs, ce qu'ils possédaient à Fourneuil (2).

En 1170, Pierre II, vidame de Gerberoy, voulut d'abord réclamer contre les donations de son père ; mais sur la représentation à lui faite que son frère Gérard, lorsqu'il était vidame de Gerberoy, avait donné à l'abbaye de Saint-Quentin la voirie de Fourneuil, il confirma toutes ces donations (3).

En 1223, Godelérie de Maisoncelle donna aussi 8 mines de terre à Fourneuil.

En janvier 1231, Arnoult de Fourneuil, Nelvide, sa femme, Gautier le Petit, son frère, Jean de Maisoncelle et sa femme Gila, sœur d'Arnoult de Fourneuil, vendirent aux chanoines de Saint-Quentin, pour 6 livres 17 sols parisis, 3 mines de terre qu'ils tenaient de ladite abbaye, 7 deniers et 2 mines d'avoine de cens annuel (4).

En 1232, Aye de Maisoncelle, ayant demandé la restitution de 8 mines de terre à Fourneuil, comme provenant de la succession de sa sœur Godelérie, l'Official de Beauvais le débouta de sa demande par sentence du mois de janvier 1233, parce que Godelérie de Maisoncelle en avait bien et dûment fait la donation dix ans auparavant (5).

En avril 1255, Jean Fournier et Agnès, sa femme, vendaient à Saint-Quentin une pièce de terre touchant à celles de la mairie de Fourneuil et une autre touchant à la terre des héritiers de Robert Renivet, et le 3 novembre suivant, Jean, fils de Thomas de Fourneuil, et Mathilde, sa femme, vendaient également,

(1) Pillet : *Hist. de Gerberoy*, p. 90.

(2) *Ib.*

(3) *Ib.*

(4) Arch. de l'Oise : *Fonds de l'abbaye de Saint-Quentin.*

(5) *Ib.*

moyennant 55 sols parisis, deux mines de terre tenues en fief (1).

Lors du concordat passé en mars 1262, entre Jean, abbé de Saint-Quentin, et les prieurs de son monastère, par lequel l'abbé promet de pourvoir, lui et ses successeurs, à tout ce qui sera nécessaire en général, tous les jours de l'année et à perpétuité, pour l'entretien et subsistance du couvent, les prieurs lui abandonnent et délaissent 8 mines de terre qu'ils avaient acquises à Fourneuil (2).

En septembre 1279, Geoffroy de Guignecourt donne et délaisse à l'abbaye de Saint-Quentin 2 mines de terre sises à Fourneuil, sur les Haies d'Hardouin, pour s'acquitter de plusieurs années dues pour une maison et des terres audit Fourneuil, à lui affermées moyennant 25 sols parisis (3).

En août 1295, Laurent Barbier et Renaud de Fourneuil lui abandonnèrent 8 verges de terre à Verderel, dépendant du domaine et de la justice des Dames de Saint-Paul, qui ratifièrent cette donation le même mois (4).

Au commencement du XVIᵉ siècle, Jean Dumesnil, laboureur à Verderel, avait constitué, au profit de l'abbaye de Saint-Quentin, une rente perpétuelle de 30 sols parisis, à prendre sur les terres qu'il possédait au bourg de Saint-Quentin. Ces terres ayant été vendues après sa mort, Charlot Dumesnil, son fils, chargea ses autres terres et principalement une vigne de 72 verges, à Fourneuil, d'une rente de 22 sols, déclarant que Claude Dumesnil, son frère, et Antoine Chambot, son beau-frère, s'obligeaient par acte passé devant de Villers (5), le 22 février 1543, à payer les 8 sols restant sur les héritages sis à Saint Quentin.

Nicolas Patin, avocat au parlement, étant mort en 1712, ses héritiers, Nicolas Serpe, chanoine de Saint-Michel de Beauvais, Sébastien et Joseph Serpe, bourgeois de la même ville, Jean Aux Cousteaux à cause de Madeleine Serpe, sa femme, André-

---

(1) Arch. de l'Oise : *Fonds de l'abbaye de Saint-Quentin.*

(2) *Ib.*

(3) *Ib.*

(4) *Ib.*

(5) *Ib.*

Nicolas Le Roy, curé de Villers-Saint-Sépulcre, Antoine Le Roy, Eustache Mesnard, docteur en médecine, à cause de Thérèse Le Roy, sa femme, abandonnèrent à l'abbaye de Saint-Quentin, par acte du 29 avril 1719, 3 quartiers de terre sis à Fourneuil (1).

La seigneurie de l'abbaye de Saint-Quentin, à Fourneuil, se composait donc, en 1784, de :

Un corps de ferme avec plusieurs bâtiments, cour et jardin, sis à Fourneuil. — 45 mines de terre au chemin de Beauvais. — 26 mines de terre au même lieu. — 22 mines de terre au chemin d'Houssoy. — 21 mines de terre au passage. — 10 mines de terre à l'Argillière. — 8 mines de terre sous le Francval. — 4 mines de terre au même lieu. — 1 mine de terre à la Toviriolle. — 5 mines d'enclos attenant à la ferme. 58 mines de terre à la grande pièce. — 25 mines de terre sous la carrière. — 48 mines de bois taillis. — 967 baliveaux dans ledit bois. — 39 mines 3 quartiers 2 boisseaux 2 tiers de blé, mesure de Clermont, estimés 225 livres 2 sols de censives. — 66 mines 3 quartiers 2 boisseaux 5 huitièmes d'avoine, même mesure, estimés 214 livres 12 sols de censives. — Les censives en pains, chapons et argent, estimées 39 livres 14 sols 8 deniers. — Les droits de lods et de ventes, estimés 24 livres.

Ces biens étaient alors affermés moyennant la somme de 1,219 livres 17 sols 4 deniers, plus six chapons gras chaque année, et en outre un pot de vin de 1,500 livres (2).

Les terres de l'abbaye de Saint-Quentin furent mises en vente par la nation le 26 février 1791 et achetées, le 12 mars suivant, 59,300 livres, par François Devillers, receveur de la ci-devant seigneurie de Blicourt. Son arrière petit-fils, M. Charles Floury, les possède encore actuellement.

FIEF DE LA MAIRIE DE FOURNEUIL.

Ce fief consistait en terres et droits. Les terres furent successivement données par leurs possesseurs à l'abbaye de Saint-Quentin.

Les maires de Fourneuil portaient le nom de ce lieu. Voici les noms de quelques-uns d'entre eux :

1109. Gualon de Fourneuil, fils de Robert.

---

(1) Arch. de l'Oise : *Fonds de l'abbaye de Saint-Quentin*.

(2) *Ib*.

1130. Pierre de Fourneuil, chanoine de Gerberoy.
— Hugues de Houssoy, son frère, chantre de l'église de
      Beauvais.
— Asceline de Fourneuil, femme d'Urbain.
— Hugues Farcy, frère d'Asceline de Fourneuil, a pour
      femme Christine.
1148. Odon d'Houssoy, chantre de l'église de Beauvais.
1164. Payen de Fourneuil.
1172. Assertus de Fourneuil et Guy, son frère.
1189. Robert de Fourneuil.
1231. Arnould de Fourneuil a pour femme Helvide.
— Gautier le Petit, son frère.
— Gila de Fourneuil, leur sœur, épousa Jean de Maison-
      celle.
1255. Jean de Fourneuil, fils de Thomas, a pour femme Ma-
      thilde.
1272. Godefroy de Fourneuil.
1295. Amaury de Fourneuil.

Au XIII° siècle vivait aussi un savant nommé Hugues de Fourneuil; il était chanoine de Saint-Jean de Soissons.

SEIGNEURIE DE L'ABBAYE DE SAINT-LUCIEN.

L'abbaye de Saint-Lucien possédait une seigneurie à Guehengnies, hameau de Verderel. La charte de confirmation des biens
de ce monastère, par Samson, archevêque de Reims, en fait foi :

*In nomine Sanctæ et individuæ Trinitatis. Amen. Ego Samson divina
miseratione Rhemorum Archiepiscopus, apostolicæ sedis legatus, universis Sanctæ Matris ecclesiæ filiis...................... Juveniacas
cum villis Guahenii............ (1).*

Cette seigneurie provenait, comme celle de Juvignies, d'une
donation faite, en 1148, par Thibault de Bulles, archidiacre de
Beauvais (2).

En 1190, Pierre, vidame de Gerberoy, donna à cette même

---

(1) Louvet : *Hist. du Beauvaisis.*

(2) Arch. de l'Oise : *Fonds de l'abb. de Saint-Lucien.* — Pour les pièces
justificatives, voir *Notice sur Juvignies.*

abbaye les droits de voirie et de justice qui lui appartenaient entre Guehengnies et Luchy (1).

Vers 1345, Thomas de Guehengnies ayant abandonné à ladite abbaye le fief de la Mairesse, qu'il possédait à Fouquenies, celle-ci lui abandonna la justice foncière autour du manoir de Guehengnies, qu'habitait Thomas, et les terres adjacentes qu'elle érigea en fief tenu d'elle à foi et à hommage (2).

A partir de cette époque, la seigneurie de l'abbaye ne consista plus qu'en droits féodaux, censives et champarts.

Saint-Lucien possédait la voirie de Guehengnies à Luchy, et les habitants de Verderel devaient, à cause de cette voirie, une redevance annuelle d'un muid de blé, mesure de Gerberoy (3).

Les rapports entre Verderel et l'abbaye de Saint-Lucien furent fréquents à cause de cette seigneurie.

Aussi, nous voyons qu'en 1610 l'évêque et les curés s'étant plaints que, dans certaines paroisses, la portion congrüe n'était pas abondante et que le gros, accordé par le décimateur, était souvent mesuré très-parcimonieusement, Armand du Plessis, cardinal de Richelieu, alors abbé de Saint-Lucien, accorda une augmentation à un grand nombre de curés, et entre autres à celui de Verderel (4).

En 1696, dans un état dressé par le bailli de Saint-Lucien pour convoquer ses hommes de fief aux assises judiciaires, tenues en l'abbaye les lundis de Quasimodo et d'après la Toussaint, les héritiers de noble homme Nicolas Tristan, président en l'élection de Beauvais, sont cités pour leur fief sis à Guehengnies.

Nous voyons, dans la déclaration de leurs biens et revenus que les religieux firent au bureau ecclésiastique du diocèse, le 16 février 1757, que les taillables de Verderel leur devaient 23 mines de blé estimées 34 livres 10 sols.

L'abbaye de Saint-Lucien a joui de cette seigneurie jusqu'à l'abolition des droits féodaux, le 4 août 1789.

---

(1) Arch. de l'Oise : *Fonds de l'abb. de Saint-Lucien.*

(2) Arch. de l'Oise : *Fonds de l'abb. de Saint-Lucien.* — Abbé Deladreue et Mathon : *Hist. de l'abb. de Saint-Lucien.*

(3) Arch. de l'Oise : *Fonds de l'abb. de Saint-Lucien.*

(4) Abbé Deladreue et Mathon : *Hist. de l'abb. de Saint-Lucien.*

SEIGNEURIE DE GUEHENGNIES.

La châtellenie de Guehengnies appartenait autrefois à la famille
de ce nom. Il nous a été impossible d'en établir la filiation ; nous
donnons ici les noms des membres de cette famille que nous
avons pu retrouver (1) :

1186. Gila de Guehaigny.

1220. Amolbertus de Guehengnie.

1232. Guillaume de Guehengnies, *miles*.

1233. Henricus de Guehenniaco.

1260. Thomas de Guehengnies, escuier.

1281. Beaudouin de Guehengnies.

1282. Guillaume de Guehengnies.

1344. Thomas de Guehengnies, qui a pour femme Jeanne, re-
çoit de Jean Tassin et de Pierre Le Maire le fief de la
Mairesse, sis à Fouquenies. Mais peu après il l'aban-
donne à l'abbaye de Saint-Lucien, qui lui donne en
échange la justice foncière de son manoir de Guehengnies et des terres adjacentes qu'elle érigea en fief tenu
à foi et hommage de ladite abbaye (2). Thomas rendit
à l'abbaye de Saint-Lucien le dénombrement et l'hommage qu'il devait pour ce fief, cette même année 1344 (3).

1348. Thomas, confrère de la confrérie de Saint-Jean-l'Evan-
géliste.

1354. Colard de Guehengnies, maire de Beauvais.

1360. Thomas de Guehengnies.

1358-1367. Jacques de Guehengnies commande 40 hommes
d'armes.

1422-1433. Guillaume de Guehengnies, curé de Saint-Hippolyte
de Beauvais.

1433. Noble homme Jacques de Guehengnies est lieutenant du
capitaine de Beauvais.

---

(1) Notes généalogiques de la bibliothèque de M. Le Caron de Troussures et de la bibliothèque de M. le vicomte de Corberon.

(2) Arch. de l'Oise : *Fonds de l'abb. de Saint-Lucien*. — Abbé Deladreue
et Matbon : *Hist. de l'abb. de Saint-Lucien*.

(3) Arch. de l'Oise : *Invent. de l'abb. de Saint-Lucien*, de l'an 1669.

Il se distingua au siège de Beauvais fait par les Anglais en 1433. Le 7 juin, les ennemis avaient entrepris de passer par la porte de l'Hôtel-Dieu, et ils avaient déjà pénétré jusqu'au pont Saint-Laurent, les uns habillés en femmes, les autres portant des fagots en conduisant des troupeaux, et d'autres en voyageurs portant des saufs-conduits. Ils avaient tué les portiers et ceux qui étaient venus à leur secours, quand Jacques de Guehengnies et Pierre de Lignières, survenant, coupèrent la corde qui retenait la herse de la porte de l'Hôtel-Dieu. L'ennemi, retenu dans la place, fut massacré et la ville sauvée. Malheureusement, Jacques de Guehengnies périt dans la mêlée, et il fut enseveli dans l'église Saint-Sauveur.

Les habitants de Beauvais, pour honorer sa mémoire, donnèrent son nom à une rue de la ville (1).

Jacques de Guehengnies (2) avait épousé *Jeanne de Sains* (3), dont il eut quatre enfants :

1° *Jeanne*. qui suivra.

2° *Jacqueline*, qui épousa N. d'Aubigny.

3° *Marguerite*. Pour remercier Dieu de ce que son père avait sauvé la ville, elle fonda une procession qui se faisait, le 7 juin de chaque année, à la porte de l'Hôtel-Dieu et en l'église Saint-Laurent. Elle mourut, sans avoir été mariée, en 1509, et fut ensevelie, auprès de son père, dans l'église Saint-Sauveur, où se lisait l'épitaphe suivante :

Cy-devant gisent nobles personnes Jacques de Guehengnies, en son vivant seigneur dudit lieu, lequel décéda en l'an 1433 et fut occis à la porte de l'Hôtel-Dieu de Beauvais, où il était comme lieutenant du capitaine de Beauvais;

Et demoiselle Marguerite, sa fille, dame dudit lieu, qui décéda le lundi treizième jour d'août 1509, et laquelle a donné à l'église de Saint-Sauveur mil livres tournois pour prier Dieu pour eux (4).

(1) Ch. Brainne : *Les Hommes illustres du département de l'Oise.*

(2) *Recherches généalogiques sur les familles de Guehengnies, de Poix et de Bissipat,* manuscrit de M. le vicomte de Corberon.

(3) De Sains porte : *De gueules semé de croissants d'argent au lion de sable brochant sur le tout.* Alias : *Papelonnée d'argent au lion de sable sur le tout.*

(4) Manuscrit du château de Troissereux.

1° *Jacques*, seigneur de Guehengnies, qui mourut, non marié, en 1510.

Jeanne de Guehengnies épousa *Rogues de Poix* (1), seigneur d'Ignaucourt, fils de Pierre, seigneur de Poix, et de Jeanne de Beaumont. Ils eurent :

    1° *Jean de Poix.*
    2° *Marguerite*, qui suit.

Marguerite de Poix, dame d'Hannaches, des Mazis, de Blicourt, hérita de la seigneurie de Guehengnies en 1510, après la mort de son oncle Jacques de Guehengnies; elle avait épousé *Georges Ier de Bissipat* (2), seigneur de Troissereux, grec, descendant, par sa mère, des Paléologue, et qui fut le favori du roi de France Louis XI. Ses enfants furent :

    1° *Guillaume*, qui épousa Louise de Villiers l'Isle-Adam (3).
    2° *Georges II*, mort sans alliance.
    3° *Antoinette*, dame de Troissereux, qui épousa Gobert d'Aspremont (3).

Que devint la seigneurie de Guehengnies après la mort de Georges de Bissipat? Est-elle passée à un de ses enfants; fût-elle vendue? c'est ce qu'il nous est impossible de dire, toutes nos recherches, à cet égard, ont été inutiles. En 1696, elle appartenait à Nicolas Tristan, seigneur de Verderel, Juvignies, etc. Elle continua, à partir de cette époque, à être possédée par les seigneurs de Verderel. Elle fut vendue, le 6 septembre 1757, à Pierre-Daniel Bourrée de Corberon, moyennant 1,250 livres; mais Léonor Tristan, qui en était alors seigneur, se réserva dix

---

(1) De Poix porte : *De gueules à la bande d'argent, accompagnée de six croisettes recroisettées de même.*

(2) De Bissipat porte : *D'azur à la croix double patriarcale d'or, brisée et coupée, accompagnée de deux étoiles aussi d'or posées aux côtés des bras supérieurs, et d'un croissant d'argent posé sous le pied de la croix inférieure.*

(3) De Villiers de l'Isle-Adam porte : *D'or au chef d'azur chargé d'un dextrochère d'argent, revêtu d'un fanon d'hermine brochant sur le tout.*

(4) D'Aspremont porte : *De gueules à la croix pattée d'argent.*

mines de terre situées au lieudit le Mugnier ou le Magné, faisant partie du fief de Guehengnies, pour les posséder à titre de fief relevant dudit fief de Guehengnies. Mais peu après, le 7 septembre 1762, il vendit, comme nous l'avons vu plus haut, sa seigneurie de Verderel à M. de Corberon, et ce fief qu'il s'était réservé à Guehengnies fut compris dans la vente (1).

RENTE DES URSULINES DE BEAUVAIS A PRENDRE A GUEHENGNIES.

Les Ursulines de Beauvais possédaient à Guehengnies une rente de 114 sols par an, à prendre sur 10 mines un quart et 15 verges de terre. Cette rente avait été donnée par Marie Ticquet, au commencement du XVIIIe siècle, en prenant l'habit des Ursulines.

LA CURE.

La cure de Verderel est fort ancienne et comprenait autrefois Juvignies, Sauqueuse, Fourneuil, Guehengnies, L'Equipée, le Petit-Crèvecœur, Haussez. Elle ne comprend plus actuellement que Fourneuil et Guehengnies; les hameaux de L'Equipée, le Petit-Crèvecœur et Haussez ont disparu; Juvignies et Sauqueuse ont été érigés en paroisse.

En 1148, Thibault de Bulles, archidiacre de Beauvais, touché de l'état d'abandon religieux dans lequel se trouvaient les habitants de Juvignies, donna à l'abbaye de Saint-Lucien sa terre du mont de Fesq, ainsi que Guehengnies et Sauqueuse, à la condition qu'elle ferait construire une église à Juvignies. L'abbaye accepta la donation et fit construire l'église de Juvignies (2).

Peu après, les habitants de Sauqueuse obtinrent, à leur tour, la permission de bâtir aussi une église (3), et ces deux églises relevaient, comme vicariats, de la cure de Verderel.

---

(1) Archives du château de Troissereux.

(2) Arch. de l'Oise : *Fonds de l'abb. de Saint-Lucien.* — Abbé Deladreue et Mathon : *Hist. de l'abb. de Saint-Lucien.* — Louvet : *Hist. de Beauvais.* — Abbé Delettre : *Hist. du diocèse de Beauvais.* — Pour les pièces justificatives, voir *Notice sur Juvignies.*

(3) Arch. de l'Oise : *Fonds de l'abb. de Saint-Lucien.*

En 1501, Louis de Villiers de l'Isle-Adam, alors évêque de Beauvais, ayant autorisé les habitants de Juvignies à créer un cimetière, le bénit et consacra leur église. Le curé et les marguilliers de Verderel firent de nombreuses oppositions et réclamèrent contre le préjudice causé à leur cure; mais il fut passé outre. Les habitants de Juvignies durent renouveler leur obligation d'assister, quatre fois l'an, au service divin en l'église de Verderel (1). Ils négligèrent bientôt de satisfaire à leurs promesses et refusèrent de contribuer à la clôture du cimetière de Verderel, d'où nouveau procès, et, par sentence du 12 janvier 1512, ils se virent condamner à contribuer aux travaux du cimetière de Verderel, comme étant un droit dû à l'église matrice (2).

Encouragés par la réussite des habitants de Juvignies, ceux de Sauqueuse tentèrent aussi de s'émanciper et ils obtinrent que leur église fut consacrée et leur cimetière bénit, en 1521, par Jean de Pleurs, évêque de Riom; le siège épiscopal de Beauvais était alors vacant.

La lettre de consécration était ainsi conçue :

Vicarii generales in spiritualibus capituli insignis ecclesiæ Belvacensis, sede episcopali vacante, universis præsentes litteras inspecturis salutem in Domino. Notum facimus quod die datæ præsentium venerandus in Christo pater et Dominus Dominus Joannes de Pleurs Dei gratia episcopus Ruissionensis, de licentia autoritate et permissu nostris, ecclesiam parochialem Sancti Nicolai de Sauqueuse, diocœsis Belvacensis, in honorem Dei, gloriosissimæque Virginis Mariæ et omnium Sanctorum et nomen et memoriam Sancti Nicolai dedicavit. Altare quoque majus et aliud altare Beatæ Virginis Mariæ reliquias in eis includens consecravit, cimeterium quoque eidem ecclesiæ adjacens et contiguum benedixit, quibus dedicatione, consecratione et benedictione per eumdem venerandum patrem factis, fuit pro parte matriculariorum et habitantium ejusdem loci, eidem venerando patri applicatum quatenus festum dedicationis dictæ Ecclesiæ de Sauqueuse fieret et solemnisare ceu celebrari ordinaretur die Dominica post festum Assumptionis Beatissimæ Virginis Mariæ proxima, in mense Augusto, audita igitur aut dicta supplicatione præfatus reverendus pater, consideratis omnibus per eosdem matricularios

---

(1) **Louvet** : *Hist. du Beauvaisis.* — *Notice sur Juvignies.*

(2) **Louvet** : *Hist. du Beauvaisis.* — Abbé Bonnaire : *Notes sur l'église de Verderel*, dans le registre de la paroisse. — *Notice sur Juvignies.*

*et parochiales loci narratis et oppositis, dixit et ordinavit dictum festum
dedicationis et consecrationis ejusdem Ecclesiæ parochialis de Sauqueuse
a cætera fieri et celebrari singulis annis die dominica proxima post dictum festum Assumptionis Beatissimæ Virginis Mariæ in mense Augusto,
ac omnibus et singulis Christi fidelibus utriusque sexus vere pœniten-
tibus et confessis qui eamdem Ecclesiam de Sauqueuse dicta die, qua festum dedicationis fiet ac celebrabitur, devote visitaverint quolibet anno
quadraginta die de injunctis eis pœnitentiis misericorditer in Domino
relaxavit; in quorum fidem et testimonium præsentibus litteris signo
manuali dicti reverendi patris signatur et roboratur, sigillum nostri Vi-
cariatus officii duximus apponendum.*

*Datum et actum anno Domini millesimo quingentesimo vigesimo primo,
die vigesima quarta mensis Martii.*

Signum : DE PLEURS.

Signum : L'HUILLIER (1).

Les marguilliers de Verderel, ayant vu l'inutilité de leurs récla-
mations lors de la consécration de l'église de Juvignies, n'en
firent aucune contre celle de Sauqueuse.

En 1533, le presbytère de Verderel étant devenu la proie des
flammes, le curé se retira à Juvignies et envoya son vicaire à
Verderel, ce qui occasionna de nouveaux démêlés entre les marguilliers des deux paroisses ; car après avoir demeuré quelque
temps à Juvignies, les curés négligèrent de faire célébrer les
fêtes de saint Martin et poussèrent leurs prétentions jusqu'à
donner à l'église de Verderel le nom de secours. Après différents
procès, une sentence (2), rendue le 20 décembre 1619 par l'official
de Senlis, délégué en cette circonstance par le Saint-Siège,
condamna les habitants de Juvignies à célébrer les fêtes de la
Saint-Martin, et une autre sentence rendue par la cour ecclésiastique de Beauvais, le 5 juillet 1627, ordonna que le nom de
secours donné à l'église de Verderel serait rayé du livre des évo-
cations du synode, ladite évocation demeurant néanmoins en
l'ordre qu'elle a été ci-devant et sans que cela ne puisse nuire en
autre chose (3).

---

(1) Louvet : *Hist. du Beauvaisis*, I, p. 815.

(2) Louvet : *Hist. du Beauvaisis*. — Abbé Delettre : *Hist. du diocèse de
Beauvais*. — Cette sentence est en entier dans la *Notice sur Juvignies*.

(3) Louvet : *Hist. du Beauvaisis*, I, p. 817. — Abbé Bonnaire : *Notes sur
Verderel*, registre de paroisse.

Par suite de cette sentence, l'église de Juvignies se trouva au même rang que celle de Verderel, et chacune d'elles fut successivement régie par le curé ou par le vicaire; mais cet état de choses dura peu, car dès l'an 1668 chacune eut son curé distinct et indépendant (1).

L'église de Sauqueuse continua à être succursale dépendant de Verderel; ce n'est que depuis le rétablissement du culte qu'elle est dans la dépendance de Juvignies.

L'église de Verderel, sous l'invocation de saint Martin, n'a plus aujourd'hui que le titre de succursale, dont dépend celle de Maisoncelle-Saint-Pierre.

L'église actuelle fut construite en 1495; l'ancienne avait été détruite peu de temps auparavant, avec une partie du village, que les Anglais avaient pillé et brûlé. Elle est en forme de croix et bâtie en pierre blanche; les chapelles seules sont voûtées. Quant à la nef, les piliers qui devaient en soutenir la voûte ont été construits, et celle-ci ne l'a jamais été quoiqu'en dise M. Graves (2). Le chœur a été plafonné en 1817 et la nef en 1846. Les croisées étaient autrefois garnies de vitraux, mais il n'en reste que très-peu de vestiges et encore sont-ils insignifiants. Le clocher est au centre de l'église et carré à sa base pour devenir ensuite octogone; il ne fut construit qu'en 1609. Cette église fut consacrée sous le vocable de saint Martin, en 1500, par Louis Villiers de l'Isle-Adam, évêque de Beauvais. L'entretien de la nef était à la charge des habitants, mais celui du chœur était à la charge de la trésorerie de Beauvais et, après sa suppression, à celle du grand-séminaire, gros décimateur du lieu.

On remarquait autrefois dans l'église de Verderel plusieurs tombes qui ont aujourd'hui disparu. En voici quelques épitaphes (3) :

Sur la muraille intérieure de la nef, à droite :

Jehan Ambroise, céans curé, 1608.

---

(1) Louvet : *Hist. du Beauvaisis.* — *Notice sur Juvignies.* — Abbé Bonnaire : *Notes sur Verderel,* registre de paroisse.

(2) *Statistique du canton de Nivillers.*

(3) Abbé Bonnaire : *Notes sur Verderel,* registre de paroisse.

A gauche du portail :

Anno Dñi 1617. Lenain, vic.

A droite du portail :

Anno Dñi 1629. Boulongne.

Devant les fonts baptismaux :

Ici repose le corps de M. Dominique Chrétien, prêtre et curé de cette paroisse l'espace de quarante-quatre années, ayant gouverné son troupeau avec assiduité.
Décédé le 12 mai 1763, âgé de 75 ans.

Devant les fonts baptismaux, à côté de la précédente :

Ici repose le corps de M. Louis-Nicolas Drains, prêtre et curé de Verderel, ayant gouverné cette paroisse l'espace de vingt ans, décédé le 11 avril 1783, âgé de 67 ans.
Priez Dieu pour le repos de son âme.

Deux autres curés, Nicolas Vaillant et Nicolas Séverin, furent enterrés dans le chœur de l'eglise, mais leurs épitaphes ne nous sont pas connues.

La famille Tristan, qui possédait la seigneurie de Verderel, eut aussi plusieurs de ses membres enterrés dans cette église, entre autres, en : 1731, Claude Tristan ; 1731, Marie-Louis-Nicomède Tristan; 1751, Jeanne de Ry, veuve de Claude Tristan.

Voici les noms de quelques-uns des curés de Verderel :

1470. Jean Du Maine.

. . . .

1600. Etienne Pajot, chanoine de Saint-Pierre (1); il eut pour vicaire Jean du Thil.

1608. Jean Ambroise.

1610. Charles Vuatripon ; il a pour vicaire, en 1617, N. Lenain.

1623. Pierre Poulette.

1629. N. Boulongne.

1645. Pierre Carneau.

1653. Pierre Dufossé.

_____

(1) A cette époque, les chanoines pouvaient posséder des cures qu'ils faisaient desservir par des vicaires.

1665. Jean de La Fraye.

1667. Pierre Féron.

1668. Nicolas Vaillant, qui meurt à Verderel en 1705. Jusqu'en 1668, ainsi que nous l'avons vu plus haut, Juvignies avait le même curé que Verderel. Nicolas Vaillant est le premier qui ne dessert pas Juvignies.

1669 1670. Pierre Féron, curé de Juvignies, remplace Nicolas Vaillant pendant une longue maladie.

1705. Nicolas Séverin; il meurt à Verderel en 1720.

1720. Dominique Chrétien; il meurt à Verderel en 1763.

1743 1761. N. Ricard, chanoine, puis doyen de Saint-Michel, remplace Dominique Chrétien pendant une longue maladie qu'il fit. N. Ricard était natif de Verderel.

1763. Louis-Nicolas Drains; il meurt à Verderel en 1783.

1783. Louis Dumont dit la messe jusqu'au 13 octobre 1793. Il est nommé maire le 31 janvier 1790. Le 5 mars 1794, le conseil le somme de quitter la commune.

En septembre 1796, l'église est rendue au culte. Charles Vérité remplit les fonctions de curé.

1803. Louis-Marie de Mauviel de La Tourelle, chevalier, ancien seigneur des Landes et Haumont, ancien prieur de Saint-Amand; il meurt à Verderel en 1835.

1835. N. Duval, curé de Troissereux, et N. Lefranc, curé de Juvignies, font l'intérim.

1836. Jean-Baptiste Caron.

1838. Louis Didelot, ancien aumônier du comte de La Ferronnays. Il est suspendu de ses fonctions ecclésiastiques en 1840.

1840. N. Lesobre, curé de Juvignies, fait l'intérim.

1843. Théophile Bonnaire. Il fit de nombreuses recherches sur la paroisse et nous les avons souvent consulté.

1863. Jules-Emile Leclerc.

1864. Isidore Roussel.

1865. Edouard Duflot, actuellement en exercice.

La fabrique de Verderel n'était pas autrefois sans ressources, ainsi qu'on le verra par la liste suivante indiquant les donations à elle faites (1) :

(1) Arch. de l'Oise : *Fonds des paroisses.*

DONATIONS EN ARGENT FAITES A L'ÉGLISE DE VERDEREL.

1611. Nicolas Louvet donne pour les pauvres le pain de quatre mines de blé, à prendre sur quatre mines de terre sises à Guehengnies.

1613, 20 décembre. Jean Lemoine donne 4 livres de rente non remboursable, à prendre sur une mine au Courtil.

1638, 20 février. Jeanne Rebourse, 20 sols de rente à prendre sur une demi-mine sise à Juvignies.

1659, 3 avril. Alix Boileau, femme de Pierre Louvet, 3 livres de rente à prendre sur sept quartiers au jardin Cocotte.

1665, 26 janvier. Martine Duprez. femme de Olivier Barbier, 35 sols de rente à prendre sur une demi-mine de vigne à la vigne du Clos.

1674, 27 février. Pierre Fournier, 18 sols de rente à prendre sur une mine de vigne à Guehengnies.

1678, 10 mai. Olivier Barbier et Martine Duprez, sa femme, 30 sols de rente à prendre sur leur maison, 20 sols de rente à prendre sur leur neveu François Rogeau, 10 sols de rente à prendre sur leur filleul Charles Lefebvre, 10 sols de rente à prendre sur Jeanne Gallet.

1679, 30 décembre. Charles Delannoy, 20 sols de rente non remboursable, à prendre sur un quartier au courtil Cocotte.

1680, 17 décembre. Pierre Godin, 12 sols de rente à prendre sur ses héritiers.

1683, 19 février. Nicolas Delafontaine, maître de l'hôtellerie du Corbeau, à Beauvais, 10 sols de rente non remboursable, à prendre sur une mine sous l'Eglise, qu'il a donnée à François Bertrand.

1683, 21 juillet. Eustache Clozier, 5 sols de rente à prendre sur Martin Clozier, son frère.

1684, 8 février. Pierre Louvet donne 111 sols 2 deniers.

1684, 17 avril. Nicole Mathieu, femme de Cosme Clozier, donne 73 livres 1 sol.

Jean Ladame, 20 sols de rente à prendre sur une mine de vigne sise à Fourneuil.

Antoine Dangoisse, 30 sols de rente à prendre sur sa maison et sur une mine sise à Fourneuil.

Jean Godin, 20 sols de rente à prendre sur une maison sise à Beauvais. Le 20 décembre 1611, Nicolas Bourrée, notaire royal, et Adoanni de Barignie, sa femme, reconnaissent devoir les 20 sols de rente constituée par Jean Godin.

Fiacre Louvet, trois mines de blé à prendre sur le moulin de Verderel.

Les habitants de Guehengnies devaient à l'église de Verderel un surcens de onze mines de grains. Ce titre fut renouvelé le 20 octobre 1620.

DONATIONS EN TERRE FAITES A L'ÉGLISE DE VERDEREL.

1580, 11 février. Jeanne Dubos donne une mine de terre sise à Fourneuil.

1583, 17 octobre. Josse Vast, deux mines de terre au Moulin de Juvignies.

1598, 24 août. Gabriel Dupré, trois quartiers au Chemin du Moulin.

1600, 23 août. Adrienne Clozier, une mine à Guéhengnies, au Chemin d'Abbeville.

1601, 9 octobre. Catherine Doudelle, femme de Nicolas Louvet, une mine à la Marre aux Saulx.

1601, 18 octobre. Lucienne Tonnellier, une mine au Mont de Guehengnies.

1602, 24 avril. Antoinette Canteleu, une mine à Guehengnies, sous la Mache Jeussienne.

1610, 31 mars. Jérôme Dangoisse, une demi-mine à l'Argillière et une mine à la Croix des Corbeaux.

1611. Nicolas Louvet, six mines et demie à Guehengnies, au Clos Paradis.

1611, 15 juin, Fiacre Morel, une mine à Guehengnies, au Quesne.

1611, 13 décembre. Nicolette Dangoisse, une mine à la Couture.

1612, 15 décembre. Nicole Louvet, cinq mines au Paradis.

1613, 18 février. Antoinette Morel, une mine à Sauqueuse, au Moulin Brûlé.

1614, 8 avril. Blanche Dangoisse, une mine à la Fosse à Leus.

1614, 7 septembre. Pernelle Delaporte, sept quartiers au Courtil Cocotte.

1616, 28 février. Thouenette Morel, une mine entre les Deux Chemins.

1616, 9 juillet. Laurent Morel, sept quartiers au même lieu.

1617, 28 mars. Nicolas Rogeau, une mine à la Marlière.

1622, 20 avril. Pernelle Dachez, femme de Jérôme Dangoisse, une mine au Bucquet Rignard et une mine quatre verges au Long Bucquet.

1624, 25 janvier. Guillaume Clozier, trois quartiers aux Chanvrières et une demi-mine à Guehengnies.

1629, 10 septembre. Michelle Testard, femme de Quentin Binet, une mine au Campvillers.

1631, 16 novembre. Marie Fournier, une mine au Chemin Vert.

1632, 19 janvier. Catherine Paumart, cinq mines proche les Jardins de Verderel.

1636, 12 juillet. Pierre Louvet, une mine à la Fosse Grade.

1636, 28 septembre. Marguerite Louvet, trois mines au chemin d'Houssoy.

1637, 17 mars. Catherine Leval, femme de Antoine Morel, une vigne à Guehengnies, Sous les Vignes.

1638, 20 février. Jeanne Rebours, une demi-mine proche le Bois de Fourneuil.

1638, 11 octobre. Guillemette Floury, une mine à Guehengnies, au Champ Notre-Dame.

1639, 17 mai. Jeanne Louvet, femme de Pierre Lemaire, une mine et six verges au Camp à Cailloux.

1646, 30 décembre. Nicolas de Trouillard, seigneur du Plessis, et Marie de Rouvroy, sa femme, une mine et demie à la Rue des Vaches.

1647, 5 février. Catherine Louvet, femme d'Antoine Dangoisse, une mine à Fourneuil.

1647, 16 juin. Quentin Binet, une mine au Campviller.

1648, 4 décembre. Antoine Morel, une mine de pré en la seigneurie du fief d'Achy, à Campdeville.

1650, 12 janvier. Pierre Dangoisse, une mine au Bois de Fourneuil.

1650, 5 septembre. Jeanne Lefebvre, femme de Jean Mathieu, trois quartiers aux Cornouillers.

1650, 18 septembre. Antoine Cadot, trois quartiers à Guehengnies.

1650, 12 novembre. Catherine Louvet, femme de Jacques Courtois, une mine au Long Bucquet.

1651, 11 mai. Jean Louvet, une mine au Champ Cailleux.

1651, 15 septembre. Jean Dubois, une demi-mine au Long Bucquet et une demi-mine derrière le Bois de Fourneuil.

1654, 9 juillet. Lucien Fournier, une mine au Bout du Bois.

1654, 27 août. Pierre Louvet, une demi-mine à la Clef.

1658, 21 août. Simonore Zède, femme de Charles Wuarangot, trois quartiers au Moulin Brûlé.

1659, 17 mai. Pierre Louvet, une demi-mine au Mont.

1659, 17 mai. Fiacre Deparis, trois quartiers au Camp Cailleux.

1661, 20 mars. Gille Linstruiseur et Marie Vienne, sa femme, une demi-mine à la Fosse Lenger.

1661, 19 octobre. François Bertrand, une demi-mine à l'Argillière.

1663, 2 janvier. Jeanne Binet, femme de Pierre Louvet, une mine au Champvalier.

1665, 26 juin. Martine Duprez, femme d'Olivier Barbier, trois quartiers Sous le Clos et six mines au Bois des Fondus.

1667, 16 janvier. Pierre Le Maire, une mine dite la Mine Carrée.

1667, 8 février. Gabriel Bertrand, une mine au Chemin de Maisoncelle.

1667, 25 octobre. Marie Fournier, femme de Fiacre Rogeau, une mine à Guehengnies, sous le Bois de Pommiers.

1670, 5 février. Denis Mulot, cinq quartiers à la Marre aux Saulx.

1672, 8 mars. Marie Lebon, femme de François Bertrand, deux mines et demie au Campviller.

1673, 2 janvier. Jeanne Binet, femme de Pierre Louvet, dit Hercule, une mine Sous l'Eglise.

1673, 12 août. Catherine Leval, femme d'Eustache Trébuquet, une mine à l'Argillière.

1673, 7 décembre. Marie Fournier, femme de Fiacre Rogeau, une mine à Guehengnies, au Bois des Pommiers.

1675, 19 janvier. Marie Dangoisse, femme de Charles Mulot, une demi-mine au Campviller.

1678 10 mai. Olivier Barbier et Martine Duprez, sa femme, six mines et un demi-quartier Sous le Bois des Fondus.

1678, 17 mai. Guillemette Floury, une mine à Guehengnies, au Champ Notre-Dame.

1678, 10 octobre. Antoinette Sellier, veuve d'Yves Binet, une mine au Chaussoy.

1679, 15 juillet. Jeanne Louvet, veuve de Pierre Le Maire, une mine au Champviller.

1680, 17 septembre. Pierre Godin et Marguerite Hardivillé, sa femme, trois quartiers sous l'Eglise.

1681, 3 juin. Marie Lebon, femme de François Bertrand, une mine au Chemin de Sauqueuse et une mine de vigne au-dessus de l'Eglise.

1682, 31 juillet. Pierre Louvet, dit Hercule, et Jeanne Binet, sa femme, deux mines à la Fosse Grade.

1684, 17 avril. Nicole Mathieu, veuve de Cosme Clozier, une demi-mine à Guebengnies, à la Montagne Vest.

1687, 7 septembre. Antoine Dangoisse, une demi-mine à Fourneuil.

1687, 26 septembre. Antoine Dangoisse, deux mines.

1695, 22 décembre. Antoine Dangoisse, trois quartiers sous l'Eglise.

1698, 6 mars. Anne Louvet, trois quartiers à Fourneuil.

1698, 15 novembre. Denis et Marie Louvet, enfants de Fiacre Louvet, une demi-mine au chemin d'Houssoy.

1699, 23 février. Denis et Marie Louvet, une demi-mine au chemin d'Houssoy.

1702, 18 décembre. Françoise Goulard, femme en secondes noces d'Antoine Dangoisse, et veuve de Louis Godin, une demi-mine à la Croix des Corbeaux.

1706, 11 mai. Marie Laloue, veuve d'Antoine Rogeau, une demi-mine au Trois Muids.

1706, 12 septembre. Françoise Godin, femme de Philippe Louvet, trois quartiers et demi derrière la Ville.

1708. Nœlle Dangoisse, une mine à la Couture de l'Epine.

1708, 6 septembre. Marguerite Louvet, femme de Noël Louvet, une mine au Muguet.

1713, 28 juin. Lucien Delargillière, quarante-cinq verges de vigne.

1723, 3 juin. Marie Binet, une mine sous le Fief.

1726, 2 septembre. Jean Binet, une mine.

Jeanne Morel, femme de Michel Morel, seize mines à Guehengnies.

Pierre Davenne et Anne Langlois, sa femme, deux mines, l'une à Guehengnies, au Sur; l'autre à Juvignies, au Moulin Brûlé.

Fiacre Trébuquet, deux mines à Sauqueuse, à la Franche Couture.

Antoinette Le Maire, une mine six verges à Guehengnies, au Blancmont.

Jean Clozier, une mine à Juvignies.

Nicolle Viquenelle, une mine quatre verges au Campviller.

Thibaut Butteux, une mine à L'Equipée.

Jean Fournier, une mine à la Couture de L'Epine.

Antoinette Lebon, trois quartiers à la Couture Roye.

Robert Fournier, trois quartiers au chemin de Maisoncelle.

Antoinette Delamarre, une mine à L'Equipée.

Guillaume Dangoisse, quatre mines en deux pièces, l'une à la Fosse Guésaude, l'autre au Saulchoy.

Laurent Binet, trois quartiers quatre verges à la Fosse Guésaude.

Charles Dangoisse, une mine proche le Bois de Fourneuil.

Florent Dangoisse, trois quartiers à la Fosse Louvetier et trois quartiers à L'Equipée.

Pierre Louvet, dit François, une demi-mine sur le Mont.

Robert Lebon, une demi-mine derrière L'Equipée.

Denis Mullot, cinq quartiers à la Mare aux Saulx.

Marthe Floury, trois quartiers au Camp Cailleux.

Jacqueline Rossignol, un quartier aux Chanvrières.

Jacques Floury, une mine au bout du Bois de Fourneuil.

Antoine Duprax, deux mines au Bois de Fonds, trente verges au chemin de la Messe, une mine à Fourneuil. sous le Clos, et une mine sous le Bois des Fondus.

Simon Delafontaiue, une mine sous l'Eglise.

Colette Dangoisse, une mine.

Fiacre Louvet, une demi-mine au chemin d'Houssoy.

Jeanne Binet, deux mines un quartier à la Clef et une demi-mine au chemin du Plouy.

Anne Louvet, trois quartiers au chemin des Plans.

Jeanne et Nicolas Salmon, deux mines au chemin de Rieux.

Ambroise Doudel, Anne Naquet et Boniface Doudel, quatre mines à la Fosse aux Leus.

Il existait aussi, à Verderel, plusieurs usages curieux.

Ainsi, depuis des temps très-reculés, on faisait, au profit de la fabrique, le premier dimanche de septembre, la quête de la gerbe; cette quête, qui était d'un bon revenu pour la fabrique, ne fut supprimée qu'en 1840 (1).

Il était aussi d'usage de donner à l'église une serviette au bap-

---

(1) Abbé Bonnaire : *Notes sur Verderel*, registre de paroisse

tème de chaque premier né ; cet usage existe encore aujourd'hui, avec cette modification qu'il est permis de donner 1 franc au lieu d'une serviette.

ADMINISTRATION CIVILE.

A Verderel, comme partout, l'administration civile ne commence qu'en 1789.

Auparavant, la police, les droits fiscaux, l'entretien des chemins, la fixation de la corvée, les droits de mutation et de vente étaient entre les mains des seigneurs.

Les habitants pouvaient cependant s'assembler pour traiter des affaires concernant les intérêts de leur communauté, sous la présidence d'un syndic chargé de les défendre. Leur premier acte d'émancipation est leur cahier des plaintes et doléances rédigé pour l'assemblée des Trois Ordres du bailliage de Beauvais.

Ces plaintes et doléances étaient ainsi conçues :

Plaintes et doléances des habitants de la paroisse de Verderel.

Dans la crise de l'Etat, tout bon citoyen doit des sacrifices, le Français surtout qui fait son idole de sa patrie et de son roi. Ce prince généreux et bienfaisant nous appelle aujourd'hui aux pieds de son trône ; il veut que nous l'aidions de nos conseils : nos lumières sont trop faibles pour l'éclairer ; mais notre zèle et notre dévouement sont assez grands pour l'assister en ses besoins. Il nous permet aussi de lui exprimer nos plaintes et nos doléances ; nous allons le faire avec sincérité et simplicité.

Article 1. — Les impôts sont nécessaires pour le gouvernement et la splendeur d'une vaste monarchie ; mais il faut qu'ils soient modérés, proportionnés aux besoins réels de l'Etat et aux forces du sujet. Imposer trop le cultivateur, c'est l'asservir et lui ôter les moyens de réparer ses pertes ; de là l'agriculture souffre et le nerf de l'Etat est desséché. Les habitants de Verderel sont disposés à payer la taille comme par le passé, mais ils désireraient qu'on en simplifiât l'imposition. Ils sont oblgés de la recueillir ; ne pourraient-ils pas l'imposer eux-mêmes ? Le moyen en est facile depuis l'établissement des municipalités. La déclaration des biens serait juste, l'impôt réparti avec équité et on gagnerait au moins les frais de rôle et de commissaire.

Article 2. — On se flatte que les deux premiers ordres de l'Etat, le Clergé et la Noblesse, dont le patriotisme est connu, en donneront de nouvelles preuves dans la circonstance actuelle en abandonnant leurs exemptions et en se soumettant aux mêmes impositions que le peuple.

Les uns sont ministres de Dieu, les autres du prince, et aux yeux de Dieu et du monarque, tout privilège doit disparaître dès que le bien public l'exige. Ne seront-ils pas bien dédommagés de ce sacrifice par nos hommages et nos respects?

Article 3. — L'imposition la plus onéreuse et la plus sensible au peuple est celle qui tombe sur les boissons. Nous ne dirons pas qu'elle est vicieuse dans sa nature (les boissons néanmoins ne devraient pas être plus sujettes à l'impôt que le pain que nous mangeons et l'air que nous respirons), mais nous pouvons assurer qu'elle est vicieuse dans sa perception. Le nombre infini d'employés et de commis dévorent un tiers du revenu; et ce tiers ne rentrant pas dans le coffre royal, quelle taxe énorme pour le peuple et inutile pour l'Etat! Le trop-bu surtout nous révolte; il est arbitraire dans son imposition et sa perception. Nous pourrions dire qu'il choque la raison. Il faut que nous buvions tout la même année, ou, si par économie nous gardons pour une autre année et un temps de disette, on nous fait payer comme si nous avions vendu. La sagesse de notre auguste monarque ne se refusera sans doute pas à ce que, chaque année, le syndic et deux députés de la municipalité fassent l'inventaire des boissons, et que l'impôt qu'il voudra y affecter se fasse avec moins de frais et d'appareil. L'Etat et le peuple y gagneraient beaucoup.

Article 4. — La gabelle n'est pas moins onéreuse au peuple. Si elle subsiste, le sel, qui est d'une nécessité absolue et d'une consommation générale, devrait se distribuer dans les greniers à moindre prix. Cet impôt affligerait moins sensiblement le pauvre, qui souvent gémit de ne pas avoir le moyen d'acheter du sel pour assaisonner sa soupe, qui est sa nourriture et celle de sa nombreuse famille. On pourrait suppléer à cet impôt par une espèce de capitation.

Article 5. — Le bon ordre semble désirer que les ecclésiastiques : évêques, abbés, prieurs, curés, chanoines, se bornassent seulement au spirituel et ne fissent pas valoir leurs biens. S'ils les affermaient, l'agriculture y gagnerait et les finances du roi encore davantage.

Article 6. — Les baux des biens d'évêchés, abbayes, prieurés, cures, commanderies finissent à la mort de leurs titulaires. Cet abus ruine souvent de bons cultivateurs qui sont quelquefois forcés de payer, dans une même année, d'énormes pots de vin. Pour y remédier, il faudrait ordonner que les nouveaux titulaires fussent obligés de continuer les baux de leurs prédécesseurs.

Article. 7. — Le roi est le père des pauvres comme des riches. Que Sa Majesté daigne abaisser ses regards paternels sur cette partie souffrante de ses sujets, et ordonner que dans chaque paroisse il soit établi un bureau de charité. Ce serait le moyen d'abolir la mendicité et de ramener au travail quantité de vagabonds et de fainéants dont le moindre mal est de manger le pain des vrais pauvres.

Article 8. — Les habitants de la campagne désirent depuis longtemps que les dîmes soient rappelées à leur première institution. N'est-il pas douloureux pour eux que le fruit de leurs peines et de leurs sueurs passe entre les mains de riches bénéficiers dont ils ne reçoivent aucun bien, tandis que leur pasteur, leur ami, leur père, pleure sur leur misère sans pouvoir les secourir, parce qu'il n'a pas lui-même son nécessaire. Avec les dîmes on pourrait faire un sort honnête aux curés, trouver de quoi secourir les pauvres et subvenir à l'entretien des églises et des presbytères.

Article 9. — Il règne des abus et des excès dans les villages comme dans les villes. La police seule peut y remédier. Il est donc nécessaire que les procureurs fiscaux y résident, ou, si la résidence n'est pas possible, qu'il se fassent remplacer par des lieutenants ou des huissiers afin de maintenir le bon ordre.

Article 10. — La milice est un fardeau aussi ruineux qu'affligeant pour les familles, surtout pour celles qui sont nombreuses. Ne pourrait-on pas, dans chaque généralité, obliger tous les garçons, sans exception, de se cotiser et de fournir le nombre d'hommes demandés par l'ordonnance. Tel qui donne, tous les ans, 20 à 30 livres, ne donnerait alors que 5 à 6 livres et on aurait des hommes de bonne volonté.

Article 11. — Le gibier, quand il est nombreux, dévaste les champs et ruine l'espérance du laboureur. Il serait à désirer que MM. les seigneurs prissent plus souvent le plaisir de la chasse.

Article 12. — La dîme insolite des prairies artificielles occasionne tous les ans des différends. Est-elle due? N'est-elle pas due? Il faudrait un règlement qui fixât là-dessus les opinions. Il serait plus à désirer qu'on accordât aux laboureurs la franchise de la dîme de leurs verdures à raison de leurs tenues et du nombre de leurs bestiaux.

Article 13. — La corvée pèse d'autant plus sur le cultivateur que le fonds en est pris sur la taille. Faire la répartition de cet impôt au prorata du vingtième, serait un acte de justice et d'équité.

Fait et arrêté par nous, habitants de Verderel, soussignés, à Verderel, ce huit mars mil sept cent quatre-vingt-neuf.

Claude MANCEL, Lucien DUBOS, Jean-Baptiste DELANNOY, Claude GRENIER, Bernard CHEVALLIER, François GALLET, Etienne LOUVET, Nicolas MULLOT, François CHEVALLIER. Prix SIGNÉ, P.-F. SIGNÉ, Pierre RICARD, syndic, Charles GALLET, Charles-Antoine REGNIER, C. DELAHERCHE, Martin GALLET (1).

(1) Archives du Palais de Justice : *Cahiers des Etats-Généraux.*

Le même jour, les habitants nommèrent Martin Gallet, greffier de la municipalité, et Charles Delaherche, laboureur, leurs députés afin de porter ce cahier à l'assemblée qui devait se tenir à Beauvais le lendemain 9 mars; ils leur donnèrent en même temps tout pouvoir pour les représenter à cette assemblée (1).

Citons quelques éphémérides de la période révolutionnaire, que nous avons extraites des registres de la municipalité (2) :

1790, 14 juillet. — Fête de la Fédération. Après la messe, le curé-maire, les conseillers municipaux prêtent le serment civique.

1791, 16 janvier. — Louis Dumont, prêtre, curé et maire de la paroisse de Verderel, prête serment dans les termes suivants : Je jure de veiller avec soin sur les fidèles de la paroisse qui m'est confiée et d'être fidèle à la nation, à la loi et au roi, et de maintenir, de tout mon pouvoir, la constitution décrétée par l'assemblée nationale et acceptée par le roi.

1791, 14 août. — Le conseil municipal défend de travailler à la récolte des grains pendant l'office du dimanche sous peine de 3 livres d'amende.

1791, septembre. — M. de Corberon, seigneur de Verderel, vient réclamer et veut faire enlever son banc seigneurial de l'église, mais les marguilliers s'y opposent.

1791, 6 novembre. — Martin Gallet, procureur syndic de Verderel, fait enlever des lambris de l'église toutes les armoiries qui s'y trouvent.

1792. — Les biens de la fabrique de Verderel sont vendus en trois lots, les 22, 27 mars et 10 décembre.

1792, 3 juin. — Plantation d'un arbre de la liberté; cet arbre est surmonté d'un bonnet phrygien.

1793, 14 octobre. — On enlève de l'église, pour être porté au district, deux burettes d'argent pesant 7 onces 4 gros.

1793, 23 octobre. — On renverse sept calvaires disséminés sur le territoire de la paroisse.

1793, 30 octobre. — La municipalité brûle les titres féodaux du citoyen Bourrée de Corberon, dix-huit expéditions de baux à cens, un cahier d'application desdits baux, deux origines de baux, deux différentes liasses d'aveux du ci-devant fief d'Haussez, deux cueilloirs des censives de la ci-devant seigneurie de l'abbaye de Saint-Quentin, un champartrain.

1793, 2 novembre. — On transporte au district de Beauvais dix-neuf chandeliers de cuivre, deux lampes, une croix de procession avec son bâton en cuivre, une petite châsse, un encensoir avec sa navette, une

---

(1) Archives du Palais de Justice : *Cahiers des Etats-Généraux.*
(2) Archives municipales de la commune de Verderel.

croix avec son pied, une autre petite croix, un bénitier avec ses goupillons, le tout en cuivre.

1793, 11 novembre. — On porte au district les deux cloches de l'église avec leurs ferrements, une croix de fer qui était sur la place de Verderel, deux autres croix en fer qui se trouvaient dans le cimetière et des morceaux de fer appartenant à la ci-devant fabrique.

1794, 12 février. — On enlève de l'église un calice, un soleil, deux ciboires, une patène, le tout en argent ; le bassin des fonts baptismaux avec son couvercle et trois croix, dont une dorée, le tout en plomb.

1794, 3 mars. — On enlève de l'église pour être envoyés et déposés à Beauvais, dans la ci-devant église de Saint-Michel, dix aubes, sept amicts, quinze surplis, quatre rideaux, cinquante-quatre serviettes, un paquet de purificatoires, sept corporaux, cinq voiles de la ci-devant Vierge, cinq bourses, dix nappes, trois nappes d'autel, un voile de toile d'orange, quatre morceaux de tabliers de la ci-devant Vierge, la grille en fer du chœur, une lanterne et divers morceaux de fer.

1794, 5 mars. — La municipalité somme le citoyen Dumont, ci-devant prêtre, ancien curé et maire de la paroisse, de quitter Verderel.

1794, 27 mars. — On transporte au district une boîte à saintes-huiles en étain, un dais, quatorze chappes, cinq soutanes rouges, deux soutanes noires, vingt-six chasubles, un drap mortuaire, sept bonnets carrés, douze livres et trois bannières.

1794, 8 avril. — On enlève les cordes de la ci-devant sonnerie de l'église.

1794, 10 avril. — La municipalité s'empare du presbytère pour le transformer en école ; elle s'y réserve deux pièces pour tenir ses séances.

1794, 20 avril. — Le citoyen Pierre-Daniel Bourrée de Corberon, ci-devant seigneur de Verderel, meurt sur l'échafaud.

1794, 6 mai. — La municipalité transforme l'église en temple de la Raison ; elle y établit en même temps un atelier pour la fabrication du salpêtre.

1794, 18 mai. — Le citoyen Pierre-Philibert-Catherine Bourrée de Corberon, ci-devant seigneur de Verderel, meurt sur l'échafaud.

1794, 29 mai. — Le conseil municipal, indigné de la manière indécente dont on enterrait les morts, arrêta ainsi qu'il suit : Les morts seront conduits par un officier municipal et quatre gardes nationaux armés au moins de chacun une pique : il sera acheté six aunes de Blicourt (1) pour faire un drap tricolore pour les morts, deux aunes de chaque couleur..... Ces formalités n'auront lieu que pour les citoyens et citoyennes âgés de

---

(1) On appelait Blicourt une espèce de serge qui était fabriquée dans le villlage de ce nom, canton de Marseille.

quinze ans ; qant à ceux au-dessous, ils seront seulement conduits par un officier municipal.

1794, 30 mai. — La municipalité déclare les biens du citoyen Bourrée de Corberon acquis à la République (1).

1794, 7 juillet. — Le citoyen Armand-Joseph-Pierre Bourrée de Corberon, possesseur des terres formant la ci-devant seigneurie de Verderel, meurt sur l'échafaud ; il n'était âgé que de seize ans et demi.

1795, 30 mai. — La municipalité fait enlever l'inscription « Temple de la Raison, » mise au frontispice de l'église, pour la remplacer par celle-ci : « Le peuple français reconnaît l'Etre suprême et l'immortalité de l'âme. »

1795, 9 juin. — La fête de l'Etre suprême est fêtée avec beaucoup de pompe.

1795, 14 juillet. — Les habitants de Verderel fêtent l'anniversaire de la prise de la Bastille. Pour cela, on avait construit, sur la place de la commune, un fort représentant la Bastille, que l'on a démoli puis brûlé.

1796, janvier. — Le presbytère est vendu.

1796, septembre. — L'église est rendue au culte.

1803. — La commune ne possédant pas de presbytère, le conseil municipal déclare qu'il donnera au curé une indemnité de logement de 120 francs par an.

1803. — L'assemblée municipale déclare que M. de Mauviel, curé de la paroisse, sera dispensé de payer l'impôt des portes et fenêtres à la condition qu'il ne demandera pas d'ornements nouveaux pour son église.

1804, 26 février. — Adresse des habitants de la paroisse et hameaux de Verderel (2) :

« Cejourd'hui 6 ventôse an XII de la République française, nous, habitants de la paroisse de Verderel et de ses hameaux de Fourneuil et de Guehengnies, sensiblement affectés à la lecture que nous a donnée le citoyen Demauviel, notre curé, à son prône de la grand'messe, du rapport du grand-juge, ministre de la justice, sur le danger où allait se trouver la France par la noire et détestable conspiration contre les jours précieux du premier consul, sans la vigilance active du gouvernement, qui l'a comprimée et rendue abortive, en se saisissant de leurs chefs et de leurs agents, dans le moment où ils se promettaient de mettre en exécution leurs vils et détestables projets ; nous nous sommes assemblés au banc des œuvres de notre église, issue de la grand'messe, pour faire

(1) Cette déclaration n'a pas été exécutée, car Armand-Pierre de Corberon a possédé ces biens après son père, et après sa mort ils ont appartenu à sa sœur Rosalie, qui les vendit en 1805.

(2) Manuscrit du château de Douy.

une adresse à M. le préfet de l'Oise, aux fins de le prier de nous autoriser à chanter à un des saluts qui se font en notre église les dimanches
de carême, issue des vespres, un *Te Deum* en actions de grâce pour remercier Dieu d'avoir, par sa divine Providence, préservé la République
française d'une confusion et d'une ruine affreuse en protégeant les jours
à nous si précieux du premier consul.

« Nous finissons cette délibération en nous écriant tous d'une voix
unanime, avec notre curé et notre maire : Vive à jamais, pour le bon-
heur de toute la France et le nôtre en particulier, Bonaparte, le restau-
rateur de la religion et du gouvernement français, et périssent tous les
traîtres dont nous exécrons toutes les détestables manœuvres et noirs
complots.

« Et considérant que cette même délibération peut mieux servir notre
ardeur à faire connaître à M. le préfet nos sentiments d'attachement au
premier consul, que de les lui manifester par une adresse particulière
qui ne pourrait que mettre du retard à leur émission, nous avons arrêté
que copie de la présente délibération lui serait envoyée et remise par
notre maire sans délai, suppliant M. le préfet de vouloir bien l'agréer
aussi favorablement qu'aucune adresse à cette occasion, et en consé-
quence de nous autoriser à chanter un *Te Deum* d'action de grâces aux
fins susdites. »

L'administration civile, inaugurée en 1790, eut pour chef un
maire. Voici la liste de ceux de Verderel :

1790. Louis Dumont, prêtre, curé de la paroisse.
1791. Martin Gallet.
1800. Jean-Baptiste Boudeville.
1817. Louis Anty.
1842. N. Mallot.
1871. N. Bouteille.
1873. Désiré-Charles Delargillière, actuellement en exercice.

INSTRUCTION PUBLIQUE.

La commune de Verderel ne possède qu'une école pour les enfants des deux sexes, et l'instruction y est donnée par un insti-
tuteur laïc. La classe est généralement fréquentée et la population est instruite. On ne trouve plus guère aujourd'hui d'habitants ne sachant ni lire ni écrire.

Voici les noms de quelques-uns des instituteurs qui se sont
succédé à Verderel :

1613. Jean Le Moyne.
1660. François Delannoy.
1668. Jean Lemaire.
1690. Jean Leleu.
1704. Jacques Delannoy.
1746. Quentin Delannoy, fils du précédent.
1794. Adrien Duval.
1796. François Bertin.
1836. Alexandre Sangnier.
1874. Emile Caboche, actuellement en exercice.

PROPRIÉTÉS COMMUNALES.

La commune de Verderel possède une école avec mairie située sur la place, au mileu du village, un presbytère, un cimetière qui entoure l'église; mais elle ne possède aucune terre.

Ses revenus communaux montaient, en 1830, à la somme de 186 fr. 70 cent. (1).

INDUSTRIE.

On cultivait autrefois, à Verderel, le chanvre; il était filé et travaillé à Juvignes et servait à faire de la toile dite de ménage.

On faisait aussi, à Verderel, des chaînes de laines; mais ces deux industries ont aujourd'hui complètement disparu.

La culture de la vigne y était aussi en honneur, mais le produit de ces vignes était tellement aléatoire et de si médiocre qualité qu'on les a fait disparaître.

La population se livre maintenant aux travaux de l'agriculture.

LIEUX-DITS.

GUEHENGNIES.

Guehengnies, ainsi que nous l'avons dit plus haut, est un hameau enclavé dans les terres de Juvignies et de Troissereux

---

(1) Graves : *Statistique du canton de Nivillers*

et séparé de Verderel par la vallée de Juvignies. Quelle est l'origine de son nom? nous l'ignorons; elle semble être, par son orthographe, flamande. Pourtant, ce nom ne s'est pas toujours écrit ainsi, car on le trouve écrit *Gahegnies, Guaheny, Guehaignies, Guehenniacum.*

FOURNEUIL.

Fourneuil est un autre hameau situé au sud-ouest de Verderel. Une tradition du pays prétend qu'en ce lieu aurait été construit un fort d'où lui viendrait son nom de *Fort-Neuf*, d'où *Fourneul* et enfin *Fourneuil;* mais rien ne peut faire supposer l'existence d'un fort en cet endroit, et la manière dont ce nom est traduit en latin prouve la fausseté de cette légende; nous le trouvons écrit *Fursnodum, Furneia, Furnetis, Furnalium,* et il semble apparaître de là que le mot *furnus, four,* fut le mot originaire.

L'ÉQUIPÉE.

Ce lieu est situé en partie sur le territoire de Verderel et en partie sur celui de Juvignies. Il y existait autrefois un hameau, ainsi que l'attestent d'anciens titres.

Sur le territoire de Verderel, le dernier vestige fut un moulin à vent, brûlé au commencement de ce siècle.

Sur Juvignies, il existe encore une habitation servant d'auberge, dite la maison Lebrun, du nom d'un de ses propriétaires.

LE PETIT-CRÈVECŒUR.

A l'est de Verderel, entre Juvignies et Maisoncelle, s'étendait autrefois le hameau du Petit-Crèvecœur. Il doit vraisemblablement son nom, et peut-être son origine, aux sires de Crèvecœur, qui y possédaient fief. Le village a complètement disparu, son nom même est oublié et l'endroit n'est plus connu que sous le nom de l'Ormeau-Mallot.

HAUSSEZ.

Ce hameau se trouvait au sud-ouest de Verderel, entre Fourneuil et Rieux; il tirait son nom des sires d'Haussez, qui en étaient seigneurs. Mais rien ne rappelle ce village, et il nous a été impossible de pouvoir fixer la place exacte où il se trouvait.

LE FIEF FLOUROT.

C'était un petit fief comme il en existait tant à la fin du xviiie siècle. Ces fiefs avaient très-peu d'importance; aussi, ni les noms de leurs possesseurs, ni leur histoire n'est parvenue jusqu'à nous. Celui-ci prit le nom d'un de ses possesseurs.

LE FIEF DES MONTS.

Nous dirons de ce fief ce que nous venons de dire du précédent. Seulement, celui-ci tira son nom de sa position.

LE CHEMIN DES ANGLAIS.

En cet endroit on voit encore les restes d'une voirie du moyen age allant de Paris à Calais.

LA BLANCHE BORNE.

M. Graves (1) pense qu'il y eut peut-être en cet endroit des constructions, mais ce serait antérieurement au xiie siècle, car aucun titre n'en fait mention. Il paraît plus vraisemblable qu'il y eut en ce lieu un *tumulus* ou des sépultures.

LE CALVAIRE BINET.

Ce lieu, situé sur la route de Beauvais à Crèvecœur, d'un calvaire qui fut élevé en 1822 aux frais d'Etienne Binet, maître en chirurgie. Etienne Binet était né à Verderel en 1787 et il mourut en 1830.

LE CHEMIN D'AMIENS.

L'ancienne route de Beauvais à Amiens passait par Verderel et Francastel. Sur le territoire de Verderel on s'en est servi pour faire passer le chemin de grande communication de Beauvais à Crèvecœur.

---

(1) *Notice archéologique de l'Oise.*

LE COURTIL RICARD.

Ce lieu tire son nom d'un de ses possesseurs, Joseph Ricard, natif de Verderel, qui, s'étant fait prêtre, devint chanoine, puis doyen de l'église Saint-Michel de Beauvais.

LE FRANC-VAL.

C'est un petit vallon qui était exempt de dîmes. Ce fait était assez rare; ainsi, voyons-nous aussi dans cette même commune la Franche-Couture.

LA COUTURE-ROYE.

Cette terre faisait partie de l'ancien fief Gicourt et avait pris le nom d'un de ses seigneurs. En effet, Jacot de Roye était possesseur de ce fief en 1394.

Nous allons donner ici les lieux-dits ou portions du territoire portant des dénominations particulières ; nous suivrons l'ordre dans lequel ils sont inscrits au cadastre.

En 1791, le territoire de Verderel fut divisé en treize sections ; mais, depuis, ce nombre a été réduit à trois.

SECTION A. — SECTION DE GUEHENGNIES.

Entre Deux-Bois.	*Les Vignes.*
Le Muid.	*La Fosse Cocu.*
Le Fond d'Haussez.	*Les Chanvrières.*
Les Héraulles.	*Les Plants.*
La Montagne blanche.	*Le Guidon.*
La Montagne verte.	*Le Champ Notre-Dame.*
Le Bois de pommiers.	*Le Clos.*
Le Fond Guillou.	*La Pointe.*
Les Hayettes.	*La Fosse Frère-Jean.*
Le Chemin des Anglais.	*La Blanche-Borne.*
Encoignure du Bois de Derrière.	*Le Murot-Piéru.*
Le Bois de Derrière.	*La Couture-Floury.*
La Ruelle Bergère.	*Le Sure.*
Derrière le Paradis.	*Le Fond de la Messe.*
Guehengnies.	*Le Mont de Guehengnies.*
Le Placeau.	

SECTION B. — SECTION DE VERDEREL.

Le Fief des Monts.
La Montagne de Guehengnies.
Le Champ des Batailles.
Le Poirier Félix.
Le Calvaire Binet.
La Fosse-aux-Loups.
La Neuillère.
Les Dix-Huit Mines.
La Fosse-à-Cat.
Le Fief-Flourot.
Le Chemin d'Amiens.
Le Noyer.
La Couture de l'Epine.
L'Argillière.
Le Val-Prêtre.
Sous le Jardin.
La Croix des Corbeaux.
La Fosse Bourgain.

L'Equipée.
Le Muid.
Sous l'Eglise.
Les Vignes derrière l'Eglise.
Le Village.
La Fosse-Grade.
Derrière l'Eglise.
Chemin de Juvignies.
Sentier du moulin de Juvignies.
Les Buissons.
Les Bougrannes.
Fond du Champ-Villé.
Le Champ-Villé
La Fosse-Robert.
Sous le Fief.
Les Dévalants.
La Longue-Haie.
Le Fond de Maisoncelle.

SECTION C. — SECTION DE FOURNEUIL.

Le Fief de Verderel.
Sous le Fief.
Sous le Bois des Fondus.
Sous les Vignettes.
Sous les Trembles.
Les Trembles.
Le Courtil Ricard.
Les Vignettes.
Le Plan Fournier.
Les Longs-Bucquets.
Sous le Franc-Val.
L'Argillière de Fourneuil.
Devant la Ville.
Les Chanvrières.
Le Clos Mallot,
Le Courtil Grand-Père.
Le Petit-Larris.
Le Clos.
Les Marlettes.
La Plante Ollivier.

Le Passage.
Sur le Fief.
La Borne Pierre-Jeanne.
Entre le Bois de Fourneuil et le Fief.
Chemin du Bois de Fourneuil.
La Rue aux Vaches
Le Courtil Michel-Lebon.
Les Vignes d'En-Haut.
Le Champ Cailloux.
Le Chauffour.
Le Bois de Fourneuil.
Fourneuil.
Le Franc-Val.
Les Vignes du Franc-Val.
Le Plan Roger.
Sous le Bois de Rieux.
Sous le Clos.
Les Vingt-Six Mines.
Les Cinquante Mines.
Le Chemin Vert.

Les *Soixante Mines.*
Le *Chemin des Chasses—Marées.*
Les *Courtils Rayé.*
Les *Vingt—quatre Mines.*

Les *Terres Neuves.*
La *Fosse des Fourches.*
Dessus *l'Argillière.*
Le *Bucquet Salmon.*

A cette liste des lieux-dits nous ajoutons ceux cités dans un grand nombre d'actes anciens et non inscrits au cadastre.

La *Marre aux Saulx.*
La *Mache Jeussienne.*
La *Couture,*
Le *Clos Paradis.*
Le *Courtil Cacotte.*
Le *Bucquet Rignard.*
Le *Chêne.*
Les *Grenouillers.*
La *Clef.*
Le *Moulin Brûlé.*
La *Fosse Lenger.*
La *Mine Carrée.*
La *Montagne Vest.*
Les *Trois Muids.*
Le *Muguet.*
La *Franche Couture.*
Le *Blanc-Mont* ou *Blamont.*
La *Couture-Roye.*
La *Fosse Guésaude.*

La *Fosse Louvetier.*
L'*Ormeau Mallot.*
Le *Chemin du Plouy.*
Le *Chemin de Rieux.*
La *Toviriolle.*
Le *Chemin des Plants.*
La *Grande Pièce.*
La *Carrière.*
Le *Chemin de Sauqueuse.*
Le *Mugnier* ou *Magné.*
Les *Quatre Bornes.*
Le *Moulin d'Essy.*
L'*Ourmel des Croix.*
Le *Bois de Breques.*
Le *Bucquet Bourgnet.*
La *Barre.*
Le *Sauchoy.*
Haussez.
Le *Petit-Crèvecœur.*

NOTICE SUR PIERRE LOUVET.

Pierre Louvet, le savant historien du Beauvaisis, naquit à Verderel ; aussi, avons-nous pensé qu'une courte notice sur ce personnage était un complément nécessaire à l'histoire de ce village.

Pour cela nous avons consulté : le *Supplément à l'Histoire du Beauvaisis,* par Denis Simon ; les *Hommes illustres du département de l'Oise,* par Charles Brainne ; le *Dictionnaire d'Histoire et de Géographie,* de Bouillet ; le *Dictionnaire historique,* de l'abbé

Ladvocat, etc. Quant aux renseignements sur sa famille, ils nous ont été fournis par les notes généalogiques du cabinet de M. Le Caron de Troussures.

La famille Louvet, sur laquelle, du reste, on a peu de renseignements, semble originaire de Beauvais. Ses armes étaient : *D'or à la fasce de sable chargée d'un louvet d'argent, au chef d'azur chargé de trois roses d'argent.*

Le premier membre de cette famille qui nous soit connu est Robert Louvet, qui fut maire de Beauvais en 1225. Plus tard, nous voyons Mathieu Louvet en 1382, Jean Louvet, seigneur d'un fief à Houssoy en 1444 1); Marie Louvet, qui épouse Jean Brocard (2), vers 1640; Pierre Louvet, qui vit avec sa femme, Marguerite Le Roy (3). Quant à l'historien du Beauvaisis, il naquit à Verderel en 1569; il épousa, en premières noces, Anne Le Sage (4), et en deuxièmes noces, en 1622, Alix Boileau (5). Il mourut à Verderel en 1646. On n'a aucun détail sur son enfance; nous savons seulement qu'il s'adonna de bonne heure à l'étude de l'histoire et de la jurisprudence ; il devint un jurisconsulte célèbre. S'étant établi à Beauvais, il se fit recevoir avocat au parlement et eut bien vite une nombreuse clientèle; néanmoins, employant tout le temps que lui laissait ses consultations et ses plaidoiries en patientes recherches, il put écrire plusieurs ouvrages sur les antiquités du Beauvaisis.

Ce fut grâce à lui et à Nicolas Lejeune que Philippe Leclerc, principal du collége de Beauvais, parvint à établir, dans cette ville, une imprimerie. Le premier ouvrage qui en sortit fut une *Conférence des Coutumes de Senlis, Amiens, Clermont et Montdi-*

(1) *Dénombrement de Guillaume de Hellande.*

(2) Brocard porte : *D'azur à une gibecière d'or accompagnée de trois trèfles d'argent.* — Alias : *D'azur à trois trèfles d'or, celui de la pointe soutenu d'un croissant d'argent.*

(3) Le Roy porte : *D'azur au chevron d'or surmonté d'un soleil de même, accompagné en pointe d'une foi d'argent.*

(4) Le Sage porte : *D'argent au lion de gueules, armé, lampassé et couronné d'or.*

(5) Boileau porte : *De gueules au chevron d'argent accompagné de trois molettes d'or.*

dier, comparées avec celles de Paris, que Louvet publia sous ce titre : *Coutumes des divers bailliages observées en Beauvaisis;* Beauvais, 1615, petit in-4°. M. Borel, lieutenant-général au présidial de Beauvais, dans l'*Histoire générale du Beauvaisis* (1), qu'il composa avec M. Bucquet, procureur du roi, et M. Danse, chanoine, relève beaucoup d'erreurs que Louvet fit dans cet ouvrage à propos des réductions de mesures.

Louvet publia peu après un petit ouvrage intitulé : *Histoire de Sainte-Marie de Béthanie, sœur de Saint-Lazare;* Liège, 1636, in-8°.

Louvet avait d'abord approfondi la juridiction du clergé, qui tenait alors la plus large place dans les affaires du pays. Une de ces causes les plus importantes est celle du P. Triboulet, qui, étant prieur des Dominicains, avait été autorisé par le roi Louis XIII à établir, dans le couvent des Jacobins de Beauvais, un collège pour réformer les études et la discipline. Ses confrères se révoltèrent contre la sévérité de ses règlements et l'emprisonnèrent. C'est alors que Louvet rédigea son savant mémoire intitulé : *Abrégé des constitutions et réglements, tant des chapitres généraux que provinciaux et particuliers, pour les études et réformes du couvent des Jacobins de Beauvais.* Ce mémoire fut imprimé en 1618 et précédé d'une épître au roi, dans laquelle il demande l'élargissement du P. Triboulet. C'est vers la même époque qu'il publia : *Nomenclatura et chronologia rerum ecclesiasticarum diocœsis Bellovacensis; Parisiis,* 1618, in-8°. La nomenclature est une espèce de pouillé des bénéfices du diocèse de Beauvais. Quant à la chronologie, sous ce titre : *Breve ecclesiasticorum monumentum diocœsis Belvacensis calendariis collectum,* c'est un calendrier des faits relatifs à l'histoire ecclésiastique du diocèse.

En l'an 1613, la reine Marguerite avait nommé Louvet son maître des requêtes.

Peu avant il avait publié : *Histoire et antiquités du pays de Beauvais;* Paris, 1609, in-8°. Il publia, en 1614, une nouvelle édition de cet ouvrage sous ce titre : *Histoire de la ville et cité*

---

(1) Malheureusement, cette *Histoire du Beauvaisis* est restée inédite. Bibliothèque de M. Borel de Brétizel.

de Beauvais; Rouen, 1614. Cet ouvrage traite principalement des fondations et privilèges des églises et de la juridiction spirituelle, de la pairie, de la commune et des personnes illustres. En 1631, il fait paraître une nouvelle édition, plus complète, de son *Histoire du Beauvaisis* avec cette dédicace : « A Messire Augustin Potier, évesque, comte et chastelain de Beauvais, prince et dame de Gerbray, pair de France et grand-aumosnier de la reine, et à Messieurs de son sacré sénat et collège. » Il publia la seconde partie de son ouvrage, sous ce titre : *Histoire des antiquités du pays et du diocèse du Beauvaisis;* Beauvais, 1635, in-8°. Ces deux volumes ne forment que la première partie du grand ouvrage que Louvet se proposait de faire paraître; cette première partie se borne à l'histoire du clergé de la province, les deux autres parties devaient traiter des juridictions civiles et temporelles et de ce qui concerne l'histoire de la noblesse et du tiers état. En 1631, il avait fait paraître : *Remarques sur la noblesse beauvaisienne et sur plusieurs familles de France,* par lettre alphabétique, t. I; Beauvais, 1631, in-8°. En 1640, parut une nouvelle édition de ce premier tome, le seul qui ait paru du reste. Il va de la lettre A à la lettre L inclusivement. On a cependant imprimé quelques feuillets du t. II; ils contiennent une partie de la lettre M, et le mot Mallet est le dernier qui y figure. Quelques exemplaires comprennent toute la lettre M et une partie de N, mais ils sont très-rares. Cet ouvrage, quoique incomplet et rempli d'erreurs, est aujourd'hui très-recherché.

Après l'apparition de son *Histoire du Beauvaisis,* les hommes les plus capables et les plus considérés du pays adressèrent des éloges à Louvet : Pierre Aubert, lieutenant-général, lui adressa trente et un hendecasyllabes; Toussaint Leullier lui adressa une pièce de vers sur l'anagramme de son nom de Pierre Louvet, qui est « la pure vérité. » Cette pièce se termine ainsi :

> Et l'on verra par ton histoire
> Quel pouvoir a sur tous la pure vérité.

Un autre auteur contemporain, resté inconnu, lui envoya le quatrain suivant :

> Je ne voy guère histoire ou l'auteur ait traité
> Nettement son sujet, sans flatter ou mesdire;
> Mais à Pierre Louvet, je ne trouve que dire,
> Car il est en un mot la « pure vérité. »

Si Louvet fut admiré par beaucoup, il ne manqua pas non plus de détracteurs. Lenglet du Fresnoy dit de lui : « Cet auteur est assez curieux, mais il écrit d'une manière sèche et languissante. » Selon le P. Lelong, Loisel se serait plaint, à l'apparition du premier volume de l'*Histoire du diocèse de Beauvais,* de ce que Louvet lui aurait dérobé son ouvrage. Hermant dit de lui : « Il n'était pas moins hardi pour avancer des faits sans preuves que crédule et facile à avancer de bonne foi tout ce qui était conforme à son inclination. »

Quoiqu'il en soit, il reste incontestable que Pierre Louvet fut, après Loisel, un des meilleurs historiens du Beauvaisis, et que, grâce à lui, une foule de documents précieux sont parvenus jusqu'à nous.

31

www.ingramcontent.com/pod-product-compliance
Lightning Source LLC
LaVergne TN
LVHW022036080426

835513LV00009B/1089